KB205348

**복 있는 사람**

오직 여호와의 율법을 즐거워하여 그 율법을 주야로 묵상하는 자로다.
저는 시냇가에 심은 나무가 시절을 좇아 과실을 맺으며 그 잎사귀가 마르지 아니함 같으니
그 행사가 다 형통하리로다.(시편 1:2-3)

본질과 내용의 회복을 간절히 필요로 하는 조국 교회에 「오늘을 위한 퓨리턴」 시리즈가 연속하여 출간된다는 소식을 들으니 너무나 감사하고 기쁘다. 전심으로 하나님을 사랑하고 그분의 말씀인 성경을 삶으로 살아내고 순종하려 했던 귀한 청교도들의 삶과 가르침은 오늘의 교회를 위한 귀한 길라잡이 역할을 할 것으로 믿어 의심치 않는다. 과거에 살았던 청교도들의 삶과 교훈은 다름 아닌 오늘 우리를 위한 것이므로 「오늘을 위한 퓨리턴」 시리즈를 적극적으로 추천하여 모두가 가까이하여 읽기를 기대한다.

**화종부** 남서울교회 담임목사

우리는 당혹스러운 영적 상태를 종종 경험한다. 한편으로는 그리스도로 말미암은 은혜의 구원을 믿고 확신하지만, 다른 한편으로는 자신에게 현존하는 죄의 실상을 더욱 뚜렷이 보면서, 과연 그리스도께서 자신을 기쁨으로 용납하여 주실지 신앙의 회의와 탄식을 하게 된다. 우리는 신자다운 의와 거룩함과 사랑을 갖기는커녕, 오랫동안 신앙의 답보와 더딘 성장은 실족케 하는 시험과 함께 낙심하고 절망하며, 탄식하게 된다. 토머스 굿윈의 이 책은 땅에 있는 죄인인 우리를 향한 "그리스도의 마음"을 열어 보여준다. 그래서 우리 마음은 주 예수 그리스도의 품 안에 있는 그분의 사랑에 흠뻑 젖게 된다.

**김병훈** 합동신학대학원대학교 조직신학 교수

현학적인 미사여구 중심의 설교가 지배적이던 시대에 토머스 굿윈은 화려한 수사로 진리를 "감추는" 설교자가 아니라, 진리를 "선포하는" 설교를 한 청교도 최고의 설교자였다.

**마틴 로이드 존스**

# 마음

Thomas Goodwin

# The Heart of Christ

토머스 굿윈 지음 · 장호준 옮김

오늘을 위한 퓨리턴 06

# 믿음

복있는 사람

마음

2018년 8월 21일 초판 1쇄 발행
2022년 12월 26일 무선판 1쇄 인쇄
2023년 1월 2일 무선판 1쇄 발행

지은이 토머스 굿윈
옮긴이 장호준
펴낸이 박종현

(주) 복 있는 사람
주소 서울특별시 마포구 연남동 246-21(성미산로23길 26-6)
전화 02-723-7183, 7734(영업 · 마케팅) 팩스 02-723-7184
이메일 hismessage@naver.com
등록 1998년 1월 19일 제1-2280호

ISBN 979-11-92675-36-7 03230

The Heart of Christ
by Thomas Goodwin

## 차례

# 해설의 글 아직도 청교도를 읽다니!

청교도라는 이름은 많은 이들에게 호감을 주지는 않는다. 청교도 하면 숨 막힐 정도로 삶의 세부적인 부분까지 엄격한 윤리적인 잣대로 규제하는 도덕적인 결벽주의자, 인생의 모든 즐거움과 재미를 말살해 버리는 금욕주의자, 독선적이고 폭력적인 정죄와 비판을 일삼는 바리새인의 이미지를 떠올리는 이들이 적잖다. 이런 부정적인 선입관이 청교도의 진가를 발견하여 음미하는 길을 원천적으로 봉쇄한다.

그렇다면 왜 지금도 청교도를 읽어야 할까? 그것은 그 안에 시대를 초월하는 영성의 보화가 듬뿍 담겨 있기 때문이다. 특별히 영적으로 어두운 시대에 더욱 영롱하게 빛날 보석들이 영적인 방향감각을 상실한 이들의 좌표가 되며 그들의 발걸음을 밝혀 주는 빛이 된다. 청교도 고전은 현재 우리의 영적인 상태가 어떤지, 우리가 서 있는 영적인 현주소가 어디인지를 보게 해준다. 그래서 비교의 대상이 없을 때 한없이 낮은 영적 수준에 안주했던 우리를 심히 불편하게 한다. 우리의 신앙이 얼마나 심각하게 성경적인 기준으로부터 하향 조정되었는지, 우리의 영성이 얼마나 얄팍하고 천박해졌는지, 그 뼈아픈 사실 앞에 무릎 꿇게 만든다. 본인도 젊은 날 리처드 백스터의 『참된 목자』*The Reformed Pastor*라는 책을 읽고 평생 지워지지 않은 강한 충격과 도전을 받았다. 그동안 당대의 어떤 책에서도 찾아볼 수 없었던 참된 목사의 선명한 기준을 처음으로 발견하였고, 그것이 지금까지 내가 추구해 온 목사상의 변함없는 척도가 되었다.

영적으로 암울한 시대의 비극은 우리를 선도해 줄 멘토, 우리에게 본이 될 만한 선생이 부재하다는 것이다. 만약 현시대에서 그런 영적 모범과 안내자를 찾을 수 없다면 과거에서 찾아야 한다. 우리는 동시대의 인물뿐 아니라 유구한 교회역사 속에 존재했던 수많은 영적 거장과 스승들과도 진리 안에서 시대를 초월한 성도의 교제를 누리는 특권을 소유하였다. 특별히 청교도들의 주옥같은 글은 우리를 지나간 시대의 위대한 영혼들과 교제하는 장으로 초대한다.

청교도운동은 16-17세기에 종교개혁의 정신과 원리를 가톨릭적 요소와 혼합하여 희석시키려는 엘리자베스 여왕의 중도주의에 대항하여 영국교회를 더 철저히 개혁하고 새롭게 하려던 운동이었다. 곧 종교개혁을 영국교회 안에 온전히 실현시켜 보려 했던 움직임이었다. 비록 청교도들 안에는 사상적인 다양성이 존재했지만 그들이 근본적으로 개혁주의 신학과 삶을 추구했다는 점에서는 일치한다고 볼 수 있다. 그들의 주된 관심은 교회개혁과 영적인 부흥 두 가지로 집약될 수 있다. 그들은 종교개혁이 단순히 이론과 교리로만이 아니라 교회의 제도와 직분과 실제 삶 속에서 구체적으로 실현되는 데 역점을 두었다. 그래서 신학과 경건, 교리와 삶, 객관적인 진리와 주관적인 체험 사이의 긴밀한 연합을 추구하였다.

오늘날 한국교회가 안고 있는 근본 문제, 즉 신앙과 삶, 믿음과 행함, 교리와 체험 사이의 심각한 괴리를 극복하고 신앙의 균형을 회복하기 위해서 우리에게 그들의 가르침이 절실하게 필요하다. 청교도들은 바른 교리의 중요성을 강조했을 뿐 아니라, 그 교리에 부합한 경건과 영성에도 지대한 관심과 열심을 기울였다. 그들은 믿음으로 구원받은 것에 결코 안주하지 않고 하나님과 더 깊고 풍성한 영적인 교제를 누리며 삶의 모든 영역에서 거룩하게 살려는 불타는 열정에 사로잡혔다. 그들에게 종교개혁의 칭의론은 성화의 중요성을 조금이라도 약화시키는 것이 아니라, 오히려 참된 경건과 거룩의 열정을 고취시키며 성화를 역동적으로 촉진하는 교리였다. 이런 청교도들의 신앙관은 오늘날 교회의 구원관이 얼마나 해괴하게 변질되었는지를 깨닫게 해준다. 한국교회에서는 종교개혁의 칭의론이 거룩함의 열매가 전혀 없어도 믿기만 하면 구원받는다는 식으로 곡해되었다. 그리하여 교인들의 나태와 방종을 조장하며 교회를 타락케 하는 교리로 남용되곤 한다. 이런 점에서도 한국교회가 청교도를 읽어야 할 이유가 분명해진다.

청교도 고전이 현대를 살아가는 영혼들에게 여전히 호소력이 있는 것은, 신학적인 깊이뿐 아니라 우리 모든 인생들이 공통적으로 겪는 실존적 고뇌와 아픔의 깊이를 고스란히 담아내는 메시지를 전달하기 때문일 것이다. 그들은 성경의 이상을 현실에 타협하지 않으면서도 이 땅의 엄연한 현실의 토양에 뿌리내린 영성으로 전한다. 그들의 가르침은 편안한 신학의 상아탑에서 안일한 사색을 통해 나온 것이 아니라, 거친 세파에 부대끼며 모진 고난과 핍박과 유배의 상황에서 빚어진 작품이다. 청교도들이 자주 다룬 주제, "땅 위의 천국"Heaven on earth이 시사하듯, 그들의 메시지는 아골 골짜기 같은 고통스러운 이 땅의 현실 속에 임하는 하늘의 영광스러운 세계를 증거함으로써 고난받는 이들을 크게 위로한다. 청교도들은 신자의 폐부를 찔러 죄악을 드러내는 날카로운 외과의사인 동시에 상한 갈대를 꺾지 않는 주님의 온유한 마음으로 상처 입고 병든 마음과 영혼을 섬세하고 자상하게 위로하고 싸매어 주는 따뜻한 치유자이기도 하다.

청교도의 깊고 풍성한 영성의 샘에서 조나단 에드워즈, 조지 윗필드, 찰스 스펄전, 마틴 로이드 존스를 비롯한 수많은 설교자들과 성도들이 생수를 마시고 영혼의 만족을 얻었으며, 앞으로 그들의 저서를 읽는 독자들에게도 이런 영적인 해갈과 부흥이 계속될 것이다. "오늘을 위한 퓨리턴"The Puritans for Today 시리즈는 놀랍고 두려운 하나님의 임재 의식과 이에 수반되는 심오한 죄의식에서 나오는 깊은 회개로 우리를 인도할 것이다. 동시에 영광스러운 구주의 은혜와 사랑을 전적으로 의존하는 믿음과, 죄에서 우리를 자유케 하는 복음의 능력에 대한 확신을 갖게 할 것이다. 더불어 거룩한 삶에 대한 갈망과 추구, 하나님 나라에 대한 강렬한 열정의 불꽃을 우리 마음에 불러일으키는 영적 부흥의 촉매제가 될 것이다.

박영돈

고려신학대학원 교의학 명예교수

# 서문

토머스 굿윈이 어떻게 이렇게까지 잊혀졌단 말인가? 한때는 아우구스티누스, 아타나시우스 같은 신학자들과 어깨를 나란히 하였고, "지금까지 생존했던 인물 중 바울을 가장 잘 주석한 설교자"라는 칭송까지 받았기에 그의 이름은 누구나 아는 이름이었을 것이다.[1] 그의 저술들은 비록 쉽지는 않지만, 읽고 나면 항상 남는 게 있다. 왜냐하면 굿윈에게는 놀랄 정도로 단순한 신학적 지성과 함께 목회자의 다정한 마음이 있기 때문이다.

사정이 이러하니, 굿윈을 잠시 다시 소개할 필요가 있다. 굿윈은 1600년 영국 노퍽의 롤스비라는 작은 마을에서 태어났다. 그의 부모님은 하나님을 경외하는 분들이었으며, 당시 노퍽 브로즈(Norfolk Broads, 7개의 강과 63개의 호수가 있는 습지대—옮긴이)는 청교도에 흠뻑 젖어 있었기에, 그가 어느 정도 경건하게 자랐다는 것은 전혀 놀랄 만한 일이 아니다. 그러나 그가 케임브리지의 학생이 되면서 모든 것이 사라졌다. 거기서 그는 "즐겁게 놀거나" 아니면 유명한 설교자가 되기 위한 준비로 자기 시간을 보냈다. 후에 그는 "위트가 넘치는" 설교자 중의 한 사람으로 기억되기를 바랐다고 말할 정도로 그의 "주된 욕망"은 박수갈채에 대한 사랑이었다.

그러다가 1620년—캐서린 홀의 펠로(fellow, 연구 교수—옮긴이)로 임명받은 직후—에 자신을 실제로 감동시킨 어떤 장례식 설교를 들었는데, 그 설교로 인해 그는 자신의 영적 상태를 깊이 걱정하게 되었다. 그때부터 은혜의 표징들(signs)을 찾아 자기 내면을 파고드는 내성內省의 암울한 7년이라는 시간이 시작되었다. 그러다가 밖을 바라보라—자기 내면에 있는 어떤 것을 신뢰하지 말고, 오직 그리스도만 의지하라—는 말을 듣고서야 비로소 그는 자유롭게 되었다. "이제 나는 이 문제에서 벗어나게 되었다. 표징들은 내게 전혀 유익이 없다. 지금까지 나는 칭의의 확신을 위해 상존 은혜(habitual grace, 사람의 영혼이 거룩하게 되는 자격을 얻는 은혜—옮긴이)를 너무 많이 신뢰했다. 그러나 그리스도가 전적인 가치를 지닌다는 사실을 나는 당신에게 말한다."[2]

이 일이 있은 지 얼마 지나지 않아 그는 리처드 십스를 이어 홀리 트리니티 교회의 설교자가 되었다. 이것은 적절한 변화였다. 왜냐하면 그가 한 가지 문제에 골몰하며 보냈던 시절의 설교는 대부분 양심을 때리는 설교였지만, 이제 그는 그리스도의 자유케 하는 은혜를 인정함으로 십스처럼 그리스도 중심적 설교자가 되었기 때문이다. 예전에 십스는 그에게 "젊은이, 자네가 성도들에게 도움이 되고 싶다면, 복음과 예수 그리스도 안에 있는 하나님의 자유케 하는 은혜를 꼭 설교해야 하네"라고 말했다. 그런데 굿윈이 지금 하고 있는 것이 바로 그 일이었다. 십스와 마찬가지로 굿윈 또한 상냥한 설교자가 되었다. 그는 자신의 지적인 능력으로 회중들을 깔보는 듯한 태도로 대하지 않고, 오히려 그들을 도왔다. 그의 설교를 읽으면 오늘날에도 그는 여전히 당신과 어깨동무하고서 마치 형제처럼 당신과 함께 걷는 듯하다.

하지만 로드 대주교(Archbishop Laud, 청교도와 기타의 종교적 반대파들을 박해한 영국 성직자—옮긴이)는 자신의 '고교회'(high church, 예배와 성직의 중요성을 강조한 영국국교회의 한 파—옮긴이) 정책을 따르도록 줄곧 성직자들을 압박했다. 이런 어려움을 충분히 감내한 굿윈은 1634년에 자신의 직을 사임하고 케임브리지를 떠나 분리파(Separatist) 설교자가 되었다. 1630년대 말에 그는 다른 비국교도(Nonconformist) 망명자들과 함께 홀란트로 갔다. 그러다가 1641년 의회가 이러한 모든 비국교도들의 귀환을 종용하자, 굿윈은 즉시 웨스트민스터 회의에서 '국교반대파 형제단'(dissenting brethren)을 이끌었다. '국교반대파', '분리파' 등의 이름으로 굿윈을 자칫 까다롭고 분쟁만 일으키는 사람으로 생각하기 쉽다. 하지만 그의 실제 모습을 보면—물론 그는 자신의 교회론에 대해서는 단호했음에도 불구하고—자신이 동의하지 않는 사람에게도 아주 특별한 관용을 베풀었고, 신학적으로 다양한 교회론을 주장하는 사람들을 아우르며 그들로부터도 폭넓은 존경을 받아 냈다. 논쟁이 끊이지 않았고 때로는 서로 물어뜯기도 한 시대였지만, 어느 누구도 굿윈에 대해서 나쁜 말을 한 사람이 외견상 없었다는 것은 아주 특이한 사실이다.

굿윈과 동시대 사람으로서 그와 오버랩되는 사람이 바로 존 오웬이다. 청교도의 전성기인 1650년대 오웬이 옥스퍼드 대학교의 부총장이었을 때, 굿윈은 모들린 칼리지(Magdalen College)의 학장이었다. 수년간 그들은 주일 오후 설교로 교류했으며, 두 사람 다 크롬웰의 군목이었으며, '사보이 선언'(Savoy Declaration, 이 선언의 정식 명칭은 '영국 회중 교회가 고백하고 실천하는 신앙과 직제 선언'이다—옮긴이)의 공동 작성자였다. 그리고 두 사람은 특이한 의복을 입기도 했다. 오웬은 멋진 평상복과 뱀가죽띠와 색다른 부츠를 신는 것으로 유명했다. 굿윈은—웃긴 일이지만—잠잘 때 쓰는 모자를 좋아해서 자신이 가진 모든 모자를 한꺼번에 머리에 다 썼다는 얘기도 전해진다.

무엇보다도 굿윈은 진심어린 목회자였다. 모들린 칼리지의 학생들은 금방 알아차렸다. 굿윈, 즉 잠잘 때 쓰는 모자를 마주치기라도 하면, 언제 회심했는지 주님과 관계는 어떠한지 등의 질문을 학생들은 받을 각오를 해야 했다. 1660년(청교도 혁명의 공화정이 크롬웰 사후 왕정으로 다시 복귀한 사건인 '왕정복고'의 해—옮긴이)이 되어 찰스 2세가 복귀하자 굿윈은 자기 자리에서 쫓겨나 런던의 한 교회 목회자로 갔다.

굿윈은 말년의 20년을 목회와 논문(treatise) 작성과 연구를 런던에서 했다. 안타깝게도 1666년의 큰불(5일 만에 주택 13,000여 채가 불탄 '런던대화재'를 말한다—옮긴이)로 많던 그의 장서 절반이 소실되어 연구가 중단되기도 했다. 이후 80세에 치명적인 열병에 걸렸다. 항상 간직했던 그의 주요 관심사를 분명히 보여주는 다음과 같은 말을 그는 임종 시에 남겼다.

지금까지 교제하던 성삼위께 나는 지금 가고 있다.……나의 활은 강하다(창 49:24, KJV, "활은 도리어 굳세며", 개역개정—옮긴이). 그리스도가 나뉘셨는가? 아니다. 나는 그분의 전적인 의를 가지고 있다. 율법에서 난 내 자신의 의가 아니라, 나를 사랑하사 나를 위해 자신을 주신 예수 그리스도를 믿는 믿음으로 말미암아 하나님에게서 난 의를 가졌다. 내가 이런 의를 가진 것으로 그분 안에서 발견되고자 한다. 그리스도는 나를 사랑하신다. 지금보다 더 사랑할 수 없을 만큼 그분은 나를 사랑하신다. 나도 그분을 사랑한다. 지금보다 더 사랑할 수 없을 만큼 나도 그분을 사랑한다고 나는 생각한다. 나는 하나님 안에서 완전히 삼킨 바 되었다.……이제 나는 주님과 함께 영원히 있을 것이다.[3]

『땅에 있는 죄인들을 향한 하늘에 계신 그리스도의 마음』*The Heart of Christ in Heaven toward Sinners on Earth*은 굿윈의 작품 중에서 가장 대중적인 작품이 거의 확실하다. 이 책은 그의 그리스도 중심적인 시각과 신학적 엄격성과 목회적 관심사가 조화된 모범적인 작품이기도 하다. 이와 함께 1651년에는 『그리스도를 설명함』 *Christ Set Forth*이 출판되었다. 굿윈이 이 두 책을 쓴 것은 자신의 소중한 이유가 있었기 때문이다. 많은 그리스도인들이(자신도 한때 그랬던 것처럼) "그리스도의 기초적인 것에는 크게 집착하면서도, 정작 그리스도는 따르지 않기" 때문이다.골 2:8 참조-옮긴이 그래서 그는 "많은 이들의 생각이 전적으로 자기 마음에 사로잡혀서—시편 기자가 하나님에 관해 말한 바와 같이—그리스도는 '그들의 모든 생각에 없다.'시 56:5 참조-옮긴이"고 분명히 썼다.[4] 굿윈은 우리가 "먼저 우리 자신에게서 전적으로 벗어나 그리스도를 바라보기"를 원했다. 그리고 우리가 그렇게 하지 못하는 이유는—아주 간단하다—그분에 관한 우리의 지식이 "빈약"(벧후 1:8, KJV, "게으르지", 개역개정—옮긴이)하기 때문이라고 그는 믿었다.[5] 이렇게 굿윈은 그리스도를 설명해서(set forth) 우리가 그분을 응시凝視하도록 했다.

『땅에 있는 죄인들을 향한 하늘에 계신 그리스도의 마음』과 『그리스도를 설명함』, 이 두 작품 가운데서 후자가 진수라고 그는 믿었다. 이 책을 통해 그는 교회의 위대한 남편이신 그분의 마음을 교회에 제시해서 교회의 갱신을 간청하고자 했다. 이 에세이를 쓴 그의 특별한 목적은 다음과 같은 사실을 성경을 통해 보여주는 것이었다. 그리스도께서는 지금 하늘의 모든 위엄 가운데 계시지만, 신도들에게 냉담하거나 무관심하지 않으시고, 오히려 그들에게 아주 강한 애정을 가지고 계신다. 이런 사실을 아는 유익에 관해 그는 다음과 같이 말한다.

> 지금 그리스도께서는 그분의 영광 가운데 계심에도 불구하고, 그 마음은 성도들을 향하십니다. 이렇게 달콤하고도 다정한 그분의 마음을 성도들이 알게 될 때, 성도들은 용기와 담력을 얻어 은혜의 보좌, 구주와 대제사장이신 그분께 더욱 담대히 나아갑니다.(이 책 26쪽)[6].

굿윈은 이 땅에서 자기 제자들에게 아름다운 확신을 주신 그리스도로부터 시작한다. 예를 들어 요한복음 13장에서 그분은 자기 아버지께 곧 돌아갈 것을 아시고 그럼에도 항상 그들을 향해 있을 것이라는 표(token)로 자기 제자들의 발을 씻겨 주시면서, 자기 신부를 위해 처소를 준비하러 가는 사랑스러운 신랑처럼 가신다고 말씀하셨다. 그리고 부활 후 그분께서 행하신 첫 번째 일은 제자들을 "내 형제들"로 부르신 것이었으며,요 20:17-옮긴이 그가 하늘로 올라가실 때 그들이 본 마지막 모습은 그분이 손을 올려 그들을 축복해 주신 것이었다.

> 그분께서는 마치 다음과 같이 말씀하시는 듯합니다. 나는 너희들 없이는 살 수 없구나. 내가 있는 곳에 너희들도 함께 있어서 우리가 다시는 헤어지지 않을 때까지 내 마음은 절대 진정되지 않는구나. 이것이 진실이다. 내 마음이 진정되지 못한 이유가 바로 이 때문이다. 하늘도 나를 진정시키지 못하고, 내가 아버지와 나누는 교제도 나를 진정시키지 못한다. 너희들이 나와 함께 있도록 내가 하지 못하면, 내 마음은 온통 너희

들에게 고정될 것이며, 내가 어떤 영광을 가졌다면, 너희들도 그 영광에 참여할 것이다……자신이 범한 죄악에 대한 생각으로 가득한 가련한 죄인들은 마지막 날 그들이 처음으로 대면할 그리스도를 어떤 낯으로 보게 될지 알지를 못한다. 하지만 그들은 자신에게 죄를 범한 자기 제자들을 향한 그리스도의 모습을 보고서, 자신들의 염려와 두려움에도 불구하고 그 영혼들은 안도할 것이다. 두려워하지 말라. "네 죄를 기억하지 아니하리라."사 43:25-옮긴이……그분께서는 이 정도로 우리에 관해 사랑스럽게 말씀하시는가? 어떤 마음이 이 사랑에 압도되지 않을 수 있겠는가?(이 책 39, 54, 55쪽)[7]

이것은 감동적인 말씀이다. 그리고 이것은 강력한 말씀이다. 사실 굿윈은 그리스도의 자비와 불쌍히 여기는 마음을 아주 확실히 제시했다. 그래서 그의 글을 읽을 때마다 '이것이 굿윈의 진심인가? 이것이 정말 사실인가?'라고 계속해서 묻는 내 자신을 발견하곤 한다. 예를 들어 그는 그리스도께서 자기 제자들에게 나타나신 부활 현현에서 "그들의 죄 가운데 그들이 오직 믿지 않는 죄(제자들의 죄를 용서해 주셨다는 사실을 믿지 않는 죄—옮긴이) 때문에 괴로워하셨다"(이 책 57쪽)[8]는 사실을 논증하고 있다. 왜냐하면 그리스도께서는 십자가에서 자기 제자들의 죄를 처리하셨기 때문이다. 굿윈은 성경에 아주 주도면밀한 사람이다. 그래서 그리스도는 실제로 우리가 감히 상상하는 것보다 더욱 다정하며 사랑스럽다는 사실을 우리는 결론으로 받아들이지 않을 수 없다.

이제 굿윈은 우리를 자기 논증의 핵심인 히브리서 4:15("우리에게 있는 대제사장은 우리의 연약함을 동정하지 못하실 이가 아니요. 모든 일에 우리와 똑같이 시험을 받으신 이로되 죄는 없으시니라"—옮긴이)의 주해로 우리를 인도한다.

> 말하자면 우리는 손을 들어 그리스도의 가슴에 대고서, 비록 지금 영광 중에 계시는 가운데서도 우리를 향한 그분의 심장 박동과 그분의 간절하심을 느끼도록 합시다. 지금 하늘에 계심에도 불구하고 자신들을 향한 그리스도의 마음을 성도들은 생각하지 못해 낙심하게 됩니다. 이 말씀의 참된 시각은 성도들을 확실히 격려하여 그들을 낙심하게 하는 모든 것을 대적하게 합니다(이 책 72쪽).[9]

그리스도는 하늘에서 자신의 거룩한 모든 영광 가운데서도 자기 백성들을 마뜩지 않게 보지 않으심을 굿윈은 보여준다. 무슨 일이라도 생기면 그분의 크신 심장은 백성들을 향한 다정한 사랑으로 여느 때보다 **더욱더** 강하게 박동한다. 특별히 두 가지가 불쌍히 여기는 그분의 마음을 움직이게 한다. 하나는 우리의 고난이며, 또 다른 하나는—거의 믿기지 않겠지만—우리의 죄다.

그리스도는 이 땅에서 극한 고통의 짐, 거부, 슬픔 등을 경험하며 "모든 일에 우리와 똑같이 시험을 받으신 이"지만, 하늘에서도 우리가 가장 사랑하는 친구보다도 더 온전히 우리의 고난에 공감하신다. 더 나아가 그분은 "길에서 벗어난"(죄 지은, 히 5:2, KJV, "미혹된", 개역개정—옮긴이) 자들을 불쌍히 여기신다. 그래서 굿윈은 진정으로 다음과 같이 말한다.

> 당신이 범한 바로 그 죄가 그분을 진노케 하기보다 오히려 당신을 불쌍히 여기도록 그분의 마음을 움직입니다……그렇습니다. 어떤 혐오스러운 질병을 가진 어린아이를 향한 아버지의 마음처럼, 불쌍히 여기는 그분의 마음은 당신을 향해 더욱 더 커집니다……그분의 증오는 모두 사라지고, 그분의 증오는 오직 죄만 향합니다. 죄를 파괴하고 멸함으로써 죄에서 당신을 자유롭게 합니다. 그래도 그분은 당신 때문에 더욱 마음을 졸이실 것입니다. 이것은 당신이 어떤 고난 가운데 있을 때나 죄악 아래 있을 때나 동일합니다. 그러므로 두려워하지 마십시오. "무엇이 우리를 그리스도의 사랑에서 끊으리요?"롬 8:39 참조-옮긴이(이 책 174, 175, 176쪽)[10]

핵심은 그리스도에게 맞추어져 있다. 그러나 굿윈은 열렬한 삼위일체론자로서 자신의 책을 읽는 독자들이 불쌍히 여기는 마음을 가진 그리스도가 무심한 성부 하나님을 진정시키는 그런 상상을 할 수 있다는 생각을 감히 할 수 없었다. 절대로 그럴 수 없었다. 그래서 그는 "그리스도는 하나님의 마음(성부 하나님의 사랑의 마음—옮긴이)에 사랑 한 방울도 더하지 않는다"라고 말한다.[11] 그리스도의 모든 다정함은 사실 성부 하나님의 바로

※ 일러두기 이 책의 성경 인용은『개역개정』을 따랐다.

그 사랑을 불러일으키는 성령으로부터 나온다. 하늘에 계신 그리스도의 마음은 성부 하나님의 마음을 분명하게 보여주는 이미지다.

굿윈과 그의 메시지가 오늘날 우리에게 얼마나 절실한지! 하나님에 관한 고리타분하고도 불안한 생각 그리고 죄를 사랑하는 마음에서 우리가 벗어나려면, 그리스도에 관한 이와 같은 지식이 우리에게 필요하다. 오늘날 설교자들이 굿윈처럼 변화되어 굿윈처럼 설교한다면, 도대체 무슨 일이 일어날지 누가 알겠는가? 그렇게 되면 다음과 같은 그의 말을 하는 이들이 틀림없이 많아질 것이다. "그리스도는 나를 사랑하신다. 지금보다 더 사랑할 수 없을 만큼 그분은 나를 사랑하신다. 나도 그분을 사랑한다. 지금보다 더 사랑할 수 없을 만큼 나도 그분을 사랑한다고 나는 생각한다."[12]

2011년 8월 옥스퍼드에서

마이클 리브스Michael Reeves

시고, 죄악과 비참함 등의 모든 연약함 가운데 있는 그들에게 긍휼을 베푸셔서 그들을 다정히 대해 주신 그 마음—을 열어 보이는 것입니다. 이 마음의 시각과 효용은 다음과 같을 것입니다. 즉, 지금 그리스도께서는 그분의 영광 가운데 계심에도 불구하고, 그 마음은 성도들을 향하십니다. 이렇게 달콤하고도 다정한 그분의 마음을 성도들이 알게 될 때, 성도들은 용기와 담력을 얻어 은혜의 보좌, 구주와 대제사장이신 그분께 더욱 담대히 나아갑니다. 그리고 그리스도는 이제 이 땅에 계시지 않을 뿐 아니라 아주 높고도 무한히 거리가 먼 곳으로 영광 가운데 오르셔서 '하나님 우편에 앉아' 계시기에—그리스도께서 이 땅에 계실 때 불쌍한 죄인들은 그분에게 와서 값없이 구원과 소망을 얻었지만—이제 우리는 그 죄인들과는 달리 그렇게 값없이 구원과 소망을 얻을 수 없다는 생각을 신앙인들조차 하고 있는데, 그리스도의 마음은 이 큰 걸림돌(비록 눈에는 보이지 않지만 여전히 존재하며, 우리도 마주하는 걸림돌)을 제거합니다. 이런 생각을 하는 사람들은 마리아와 베드로와 다른 제자들처럼 그리스도께서 육신으로 계실 때에 그때 자신들도 함께 있었더라면 자신들도 담대하게 그분께 나아가 간구하고 무엇이나 필요한 것을 받았으리라 생각합니다. 왜냐하면 당시 사람들은 자신과 같은 사람으로 존재하시며 온유함과 자애로움으로 가득하고, 몸소 죄를 담당하고, 인간이 당하는 온갖 비참함을 동일하게 지각하는 그리스도를 대면하고 살았지만, 이제 그리스도는 먼 나라로 가셔서 영광과 영원 가운데 계시기에 그리스도의 마음이 지금은 어떻게 달

# part 01

# 죄인을 향한 그리스도의 다정한 마음을 외적으로 논증함

"유월절 전에 예수께서 자기가 세상을 떠나 아버지께로 돌아 가실 때가 이른 줄 아시고 세상에 있는 자기 사람들을 사랑하시되 끝까지[또는 영원히] 사랑하시니라."요 13:1

지금까지 우리 주 예수 그리스도께서 행하신 위대하고도 가장 위엄 있는 모든 업적—다른 모든 사람들도 대체로 주장하는 그분의 업적들로, 죽기까지 복종하심, 부활과 승천하심, 하나님 우편에 앉으심과 우리를 위한 중보 등—을 설명했습니다.[13] 이제부터 나는 이 후속 논의를 통합해서(순서로는 뒤지만, 앞의 내용과 같습니다) 말씀드리고자 합니다. 그 내용은 지금은 하늘에서 하나님 우편에 앉으셔서 우리를 위해 중보하시는 그리스도의 마음—이 땅에서 자기에게 나아오는 죄인들을 안쓰러워하시고 그들에게 은혜를 베푸셔서 그들을 기꺼이 맞아 언제나 환대해 주라졌을지 모른다는 것입니다. 그래서 이 논의는 그리스도의 마음은 그분이 이 땅에 계실 때와 마찬가지로 지금도 긍휼과 불쌍히 여기는 마음이며, 이 땅에 계실 때 하신 것과 같은 마음으로 지금도 중보하시며 그 애정(affection)의 다정한 마음은 여전히 온유하고, 자상하고, 자애로우셔서 기꺼이 우리의 청원을 들으신다는 사실을 불쌍한 영혼들에게 확증할 의도로 기획되었습니다. 이를 통해 그들은 그들의 구원이라는 중요한 문제를 그분과 더불어 아름답게 처리하고, 마치 그들이 그분과 함께 이 땅에 있었던 것처럼 그분에게 자신들의 모든 필요를 아뢰어서 그것을 쉽게 받을 수 있기를 소망합니다. 믿음을 위해서라면 자신의 생명까지도 포기하며, 구주이신 그리스도와 강력하고도 전적인 교제를 추구하는 영혼에게는 이보다 더 큰 위로와 격려가 없을 것입니다.

이런 식으로 우리 믿음에 도움을 주는 이 논증을 나는 두 부분으로 나누어 전개하고자 합니다. 첫 번째는 다소 외적인, 외부로부터의 논증이고, 두 번째는 다소 내적인, 내부로부터의 논증입니다. 하나는 이 논증의 실체(ὅτι, **사태**)를 보여주고, 다른 하나는 왜 그래야만 하는지, 이 논증의 **이유**와 **근거**(διοτι)를 보여줍니다.

먼저, **외부로부터의 논증**(내가 붙인 이름이다)은 그분이 처한 몇몇 상황에서 그분이 보이신 모습과 몇몇 말씀—즉, 그분께서 죽음을 앞두고 떠나시며 하신 말씀, 그분의 부활과 승천에 관한 말씀, 하나님 우편에 어떻게 앉게 되셨는지 등의 말씀—으로부터 시작됩니다. 이전 논문에서 검토했던 모든 동일한 제목(이전에는 다른 목적으로 사용했었던 제목)으로 여러분을 인도해서, 직접적인 목적으로 겨냥한 우리 마음을 설득하면서 그분께서 겪으신 모든 상황에서 그분이 하신 말씀과 모습 등—비록 지금은 하늘에 계시지만 그럼에도 그분의 마음은 이 땅에 계셨을 때와 마찬가지로 그분에게 나아오는 죄인들을 은혜로 대하신다—을 살피고자 합니다. 이런 유의 논증을 위한 근거 혹은 도입을 위해 아래 말씀을 취할 것입니다. 그리고 다른 논증을 위해서는 이 논의의 적절한 부분에서 다른 성경 말씀을 또한 취할 것입니다.

## Ⅰ. 그리스도께서 제자들에게 하신 마지막 고별 말씀으로부터의 논증

그리스도께서 제자들을 떠나 하늘로 가실 것을 말씀하신 때는 제자들과 오랜 시간을 보낸 후였습니다. 왜냐하면 "처음부터 이 말을 하지 아니한 것은" 이 말 하기를 삼갔기 때문입니다.요 16:4 이 말씀을 제자들에게 알리기 시작하면서 동시에 그분의 마음을 충분히 전하셨습니다. 그들을 향한 그때까지의 마음과 그 당시의 마음뿐 아니라, 그분이 영광 가운데 계실 때의 마음까지도 말입니다. 이를 위해 그분께서 제자들과 함께 한 마지막 만찬에서 보이신 그분의 모습과 말씀을 간단히 살펴봅시다. 이 말씀은 요한복음 기자가 기록한 목적이기도 합니다. 요한복음 13장-18장에서 그리스도가 하신 그 긴 말씀의 의도를 우리는 압니다. 그 말씀을 주석하지는 않고, 다만 특별히 지금 우리가 직면한 주제와 관련해서 간단히 살펴보려고 합니다.

1. 제가 본문으로 미리 정한 이 말씀은 이어지는 그분의 모든 말씀(다시 말해, 제자들의 발을 씻기고 하신 설교)의 서론으로서 모든 주장과 그에 해당하는 핵심을 보여줍니다. 서론은 다음과 같습니다. "유월절 전에 예수께서 자기가 세상을 떠나 아버지께로 돌아가실 때가 이른 줄 아시고 세상에 있는 자기 사람들을 사랑하시되 끝까지 사랑하시니라. 마귀가 벌써 시몬의 아들 가룟 유다의 마음에 예수를 팔려는 생각을 넣었더라. 저녁 먹는 중 예수는 아버지께서 모든 것을 자기 손에 맡기신 것과 또 자기가 하나님께로부터 오셨다가 하나님께로 돌아가실 것을 아시고 저녁 잡수시던 자리에서 일어나 겉옷을 벗고 수건을 가져다가 허리에 두르시고 이에 대야에 물을 떠서 제자들의 발을 씻으시고." 요 13:1-5-옮긴이

이 서론은 복음서 기자가 그리스도의 마음의 창을 열어서 그분이 떠나실 당시의 마음이 어떠하셨는지 그 마음을 조명하고 이후의 말씀을 주석하고 해석할 의도로 미리 정한 것입니다. 그래서 하늘에서도 그들을 향한 그분의 마음에 관한 시각, 다시 말해 땅에 계실 때 그리스도의 생각이 어떠하셨는지, 그 생각 속에 있는 그분의 마음이 어떠하셨는지, 이전과 이후의 모든 마음을 복음서 기자는 우리에게 말하고 있습니다.

(1) 기자는 그리스도의 생각과 그분이 심사숙고하신 것을 먼저 기술하면서 다음의 사실을 깊이 생각하기 시작합니다. 첫째, 그리스도는 이 세상을 떠나신다고 합니다. 그래서 본문은 "자기

가 세상을 떠나 아버지께로 돌아가실 때가 이른 줄"을 "예수께서……아시고,"("Jesus knew", KJV—옮긴이) 즉 당시에 그것에 관해 생각하고 계셨다는 말씀으로 기록합니다. 둘째, 이후에 그리스도는 때가 되면 영광 중에 곧 이를 것입니다. 그래서 본문은 다음과 같은 사실을 "예수는……아시고,"(3절, "Jesus knowing", KJV—옮긴이) 즉 당시에 심중에 실제로 고려하셨다는 말씀과 함께 다음과 같이 행하셨다고 기록합니다. "아버지께서 모든 것을 자기 손에 맡기신 것과 또 자기가 하나님께로부터 오셨다가 하나님께로 돌아가실 것을 아시고 저녁 잡수시던 자리에서 일어나 겉옷을 벗고 수건을 가져다가 허리에 두르시고 이에 대야에 물을 떠서 제자들의 발을 씻으시고." 그분은 자신이 어디로 갈지, 거기서 어떻게 될지를 처음부터 생각하고 계셨습니다.

(2) 그렇다면 이런 모든 고양된 숙고 가운데 그분의 마음을 강하게 사로잡은 것은 무엇입니까? 이제 곧 자신이 받을 영광은 당연히 아닙니다. 물론 그 영광을 통해 우리를 향한 그분의 사랑이 더 많이 전해진다는 생각을 그분도 하셨을 것이지만 아닙니다. 제자들을 향한 사랑으로 그분의 마음과 생각이 전적으로 고정된 것은 바로 '자기의 것'이었습니다. "자기 사람들을 사랑하시되"라고 합니다.요 13:1 "자기 사람들"(τους ἰδιους)은 자기 것이란 말로, 재산권에 토대를 둔 지극히 가까움, 소중함, 친밀함 등을 의미합니다. 택함을 받은 사람은 그리스도의 것, 그분의 한 부분입니다. 'τους ἰδιους'는 "자기 땅(τα ἰδια)에 오매 자기 백성이 영접하지 아니하였으나"요 1:11 하신 말씀에서 보여지는 재화

(τα ιδια, 이 말은 자신의 것으로 간주하는 사람이 아니라 재물을 뜻합니다)가 아니라, 사람을 뜻합니다. 그리스도께서는 본문에서 이 사람들을 'τους ιδιους', 즉 소유권에 가까운 자신의 것, 자기 자녀, 자기 식구, 자신의 아내, 자신의 몸으로 부릅니다. 자신은 세상을 떠나지만 자기 사람들은 세상에 있다는 사실을 생각하셨습니다. 본문에서 "세상에 있는"—세상에 남아 있는—이라는 말을 더하신 것도 이 때문입니다. 그리스도에게는 세상에 있는 자기 사람들 말고도 이제 자신이 돌아갈 세상에 있는 또 다른 자기 사람들도 있었습니다. 비록 지금까지 보지는 못했지만 그들은 "온전하게 된 의인의 영들"이었습니다.히 12:23-옮긴이 이 세상을 떠날 것을 생각할 때 그리스도의 마음은 전적으로 아브라함과 이삭과 야곱처럼 자신이 돌아가 만날 사람들을 향했을 수도 있지만 그렇지 않습니다. 그리스도는 이 세상, 다시 말해 죄와 비참함 등 많은 "악"—"다만 악에 빠지지 않게"요 17:15라고 그분께서 친히 말씀하셨습니다—이 있는 세상에 남아 죄와 함께 그 속에서 죄로 부정하게 될 수밖에 없는 자기 사람들 걱정을 더 많이 하셨습니다. 자신이 받을 영광에 대한 생각으로 그 마음이 충만할 바로 그때도 그분의 다정한 마음은 그들을 향하셨습니다. "자기 사람들을 사랑하시되 끝까지 사랑하시니라."요 13:1 이 말씀은 자기 사람들을 향한 그리스도 사랑의 항상성恒常性과 영광 중에 계실 때도 그리스도의 사랑이 어떠할지를 보여주는 말씀입니다. "끝까지"(εἰς τελειωσιν)라는 말은 그 사랑이 완성하기까지라는 뜻이라고 크리소스토무스Chrysostomus는 말합니다. 그들을 향

한 사랑이 시작되었고, 그들을 향한 그분의 사랑이 완성해 완료될 것이라는 뜻입니다. 그리고 "끝까지"는 '영원히'를 뜻하기도 합니다. 이 '에이스 텔로스'(εἰς τελος)는 종종 사용됩니다. 복음서 기자가 여기서 사용한 것 외에도 성경의 다른 곳에서도 적절히 사용되고 있습니다. "자주 경책하지 아니하시며 노를 영원히 품지 아니하시리로다."시 103:9 우리 번역과는 달리 원문은 다음과 같습니다. "노를 **끝까지** 품지 아니하시리로다." 그들을 향한 이 말씀의 시각은 다음을 보여줍니다. 그분이 여기 이 땅에 계실 때나 아버지께로 돌아가실 때나 마찬가지로 그들은 그분의 것이며, 그분은 그들을 **영원히** 사랑했으며, 그분은 변하지 않고 달라지지 않으셨습니다. 그래서 그분은 그들을 영원히 사랑할 것입니다.

(3) 그분께서는 곧 자신이 지닐 위엄 있는 지위, 즉 다가오는 그분의 영광스러운 지위에 대해 생각하셨습니다. 복음서 기자가 말하는 바와 같이 그분은 하늘에서 일어날 이 모든 위대한 일에 관한 생각 가운데서도 그들을 향한 그분의 사랑이 어떠할지를 실제 증거를 통해 증언하기 위해, 물과 수건을 두르고 제자들의 발을 씻기셨다고 합니다. 당신이 2절에서 어떤 정합성을 발견한다면, 계속되는 말씀을 통해 그분의 시각이 드러날 것입니다. "예수는 아버지께서 모든 것을 자기 손에 맡기신 것"을 성경은 말씀하고, 그러고 나서 "자리에서 일어나 겉옷을 벗고 수건을 가져다가 허리에 두르시고"4절 이후에 "대야에 물을 떠서 제자들의 발을 씻으시고"5절라고 되어 있습니다. 여기서 우리에게 이

상황을 전하는 복음서 기자의 시각이 분명히 보입니다. 그리스도는 자신이 영광받을 생각을 전적으로 하셨고, 그 생각을 끝까지 하셨지만, 바로 그때 그러한 생각을 하는 가운데서도 그분은 자기 제자들의 발을 씻기셨다는 것입니다. 그리스도께서 행하신 이 행동의 뜻은 이제 하늘에 있으면 자신의 마음을 이처럼 눈에 보이게 외적으로 증명할 수 없으므로, 그들을 위한 이와 같은 비천한 섬김을 통해 그 마음을 보여주려는 것과, 그분이 받을 영광에 대한 생각 가운데서도, 다시 말해 전적으로 그런 생각이 드는 때에 그분은 그들을 위한 일을 행하면서도—말하자면—기뻐하셨음을 보여주려는 것이 아니었겠습니까? 누가복음 12:36-37("너희는 마치 그 주인이 혼인 집에서 돌아와 문을 두드리면 곧 열어 주려고 기다리는 사람과 같이 되라. 주인이 와서 깨어 있는 것을 보면 그 종들은 복이 있으리로다. 내가 진실로 너희에게 이르노니 주인이 띠를 띠고 그 종들을 자리에 앉히고 나아와 수종들리라."—옮긴이) 역시 그리스도의 이런 뜻과 하늘에 계신 그리스도의 마음이 어떤지를 잘 표현합니다. 36절에서 그리스도는 자신을 하늘의 혼인 잔치를 위해 떠나는 신랑에 비유합니다. 신랑이 혼인 잔치를 위해 떠나 있는 내내 종들은 주인이 돌아오면 한시라도 빨리 문을 열고 맞이하기 위해 깨어 기다립니다. 그러나 기다리는 시간이 길어지면서 여러 생각에 종들의 마음은 복잡해질 수 있습니다. 그래서 그리스도께서는 다음과 같은 말씀을 말미에 하십니다. '내가 진실로 너희에게 이르노니 신랑이—포도주와 흥겨움으로 기분이 좋아져서—돌아와서 띠를 띠고 그 종들을 자리에 앉히고 나아와 그들을 섬기리라.' 이 말씀의 뜻은 그리스도께서 마지막 날이나 하늘에 계신 지금 그들을 섬긴다는 것이 아닙니다. 당시 거기에 앉아 있던 그들을 섬긴다는 말입니다. 이것은 섬김의 모범을 실제로 보이시며 그분의 마음에 넘쳐흐르는 사랑과 우리가 기대할 수 있는 것을 훨씬 넘어서는 초월적인 복—이제 우리가 누릴 복—을 풍성한 말로 표현한 설명입니다. 그래서 그리스도께서는 제자들이 지금까지 한 번도 들어 보지 못한 뜻밖의 말씀, 즉 주님께서 그의 종들을 섬기고, 자기를 기다린 그들을 기다리겠다는 말씀을 친히 하십니다. 또한 이것은 그들을 향한 그분의 마음, 다시 말해 그들을 위한 일 가운데 어떤 일이 그분을 기쁘게 하는 일인지를 보이신 것입니다. 이제 우리는 그분께서 하늘로 가시기 전에 그분이 누릴 모든 영광에 대한 생각 가운데서도 그분의 마음이 어떠하셨는지를 알게 됩니다. 또한 그분께서 하늘에 계시면서 그분이 더 큰 영광을 모두 받으신 후에도 불쌍한 죄인들의 발을 씻기고, 그분에게 나아오고 그분을 기다리는 그들을 섬기는 것을 기뻐하심을 우리는 알게 됩니다.

(4) 그렇다면, 그분께서 제자들의 발을 씻기신 이 신비는 무엇입니까? 이것은 서로 사랑하고 겸손할 것을 모범으로 보이신 것으로, 그분께서 그들의 죄를 씻어 없애는 것을 의미합니다. 이를 친히 해석한 말씀이 8절과 10절 말씀입니다("내가 또한 너희에게 말하노니 누구든지 사람 앞에서 나를 시인하면 인자도 하나님의 사자들 앞에서 그를 시인할 것이요.……누구든지 말로 인자를 거역하면 사하심을 받으려니와 성령을 모독하는 자는 사하심을 받지 못하리라."—

옮긴이). 물론 그분은 지금 하늘에 계시기 때문에 그들 육신의 발을 씻기실 수 없습니다. 그것은 사실입니다. 그러나 이 말씀은 영광 중에 계신 그분에게 나아오는 죄인들의 모든 죄를 그분께서 씻어 없애실 것이라는 사실을 의미합니다. "남편들아, 아내 사랑하기를 그리스도께서 교회를 사랑하시고 그 교회를 위하여 자신을 주심 같이 하라. 이는 곧 물로 씻어 말씀으로 깨끗하게 하사 거룩하게 하시고 자기 앞에 영광스러운 교회로 세우사 티나 주름 잡힌 것이나 이런 것들이 없이 거룩하고 흠이 없게 하려 하심이라."엡 5:25-27

2. 우리는 이와 같은 모범, 다시 말해 선포하신 그분의 마음을 그분께서 하신 마지막 고별 말씀의 모습에서도 볼 수 있습니다. 이제 우리는 그분께서 고별하며 하신 긴 설교의 흐름을 살펴봅시다. 그러면 그의 제자들을 향한 그분의 마음이 어떠한지를 보여주면서, 그들에게 더 강한 확신을 주는 주된 시각을 발견하게 될 것입니다. 이것이 두 번째 논증이 될 것입니다.

각각 구체적인 사항들을 주장한다면 엄청나게 긴 작업이 될 것입니다. 아내를 사랑하는 남편은 자신이 없을 동안 자기 배우자의 마음을 기쁘게 하기 위해 참으로 노력할 것입니다. 하지만 그리스도께서 자기 제자들의 마음과 모든 신자들의 마음을 기쁘게 하기 위해 애쓰는 것에 비하면 앞서 언급한 그 남편의 노력은 아무것도 아닐 것입니다. 이번에는 그리스도께서 제자들에게 하신 말씀이지만 그 말씀이 뜻하는 바를 보면 사실 우리에게도 하신 말씀입니다. 그 말씀을 예로 들어 보겠습니다. 그 말씀은 요한복음 17장의 “내가 비옵는 것은 이 사람들만 위함이 아니요. 또 그들의 말로 말미암아 나를 믿는 사람들도 위함이니” 하신 말씀입니다.20절-옮긴이 그분께서 제자들을 위해 하신 기도가 사실 모든 신자들을 위한 기도이듯이, 그분께서 제자들에게 하신 말씀 또한 우리에게 하시는 말씀입니다.

(1) 그분께서는 그들을 향한 자신의 마음이 어떠한지, 하늘에서도 그들을 위해 어떻게 마음 쓰시는지를—그들을 위해 일하기 위해 하늘로 간다는 말씀을 공개적으로 하시면서—그들이 알도록 하셨습니다. 이와 관련해 살펴보겠습니다. 첫째, 그분께서는 앞으로 일어날 일—관심과 다정함으로 볼 수 있는 일—을 미리 그들이 알도록 사랑으로 말씀하셨습니다. 마치 남편이 아내에게 하는 것처럼 말입니다. 더군다나 그분이 하신 말씀은 얼마나 진솔한 말씀인지 모릅니다. 그들에게 아무것도 숨기지 않는 것처럼 말입니다! “내가 너희에게 실상을 말하노니 내가 떠나가는 것이 너희에게 유익이라.”요 16:7 둘째, 너희들이 이 세상에 있는 동안 ‘내가 가서 보혜사를 너희에게 보내는 것’은 전적으로 그들을 위한, 그들의 복을 위한 것이며, 나는 너희들이 이 세상을 떠날 때를 대비해 “너희를 위하여 거처를 예비하러”요 14:2 가는 것이라고 그분은 그들에게 말씀하십니다. 그분은 “내 아버지 집에 거할 곳이 많도다”라고 하시며 너희들이 올 때를 대비해 너희들을 위한 준비, 너희들을 위한 자리를 마련하러 가신다고 하십니다. 그러고 나서 “그렇지 않으면 너희에게 일렀으리라”는 말씀을 다시 하십니다. 이 얼마나 솔직하고 허심탄회한

말씀입니까! 너희들도 나를 믿고, 지금 내가 가는 곳에는 모든 영광이 있는데 나 또한 너희를 속이지 않는다는 말씀입니다. 이런 솔직 담백한 마음에 누가 설득되지 않겠습니까? 셋째, 이 일 자체가 이 정도로 우리와 우리의 복을 위한 것인데, 이를 주장하는 것은 얼마나 더 우리와 우리의 복을 위한 것이겠습니까? 진실로 그리스도께서는 그들을 향한 자신의 지속적인 사랑을 친히 우리의 복으로 말씀하십니다. 그러므로 요한복음 14장-옮긴이 3절 말씀은 다음과 같은 뜻입니다. '나는 너희를 위하여 거처를 예비하러 간다. 그것이 나의 일이기 때문이다. 내가 너희를 떠나서 거기 있다 해도 너희는 나의 사랑을 절대 의심하지 말아라. 그곳의 모든 영광도 내가 해야 할 일을 절대 잊게 할 수 없다.' 그분은 이 땅에 계시는 동안에도 자신이 세상에 와서 해야 할 자신의 일을 한 번도 잊지 않으셨습니다. 그래서 그분은 어렸을 때 "내가 내 아버지의 일을 해야 될 줄을 알지 못하셨나이까?"(눅 2:49, KJV, "내가 내 아버지 집에 있어야 될 줄을 알지 못하셨나이까", 개역개정—옮긴이)라고 하셨습니다. 그렇습니다. 그분께서는 모든 의를 이루심으로 그 일을 완벽하게 행하셨습니다. 그러므로 그분은 하늘에서 해야 할 일 가운데 어떤 것도 잊지 않으실 것입니다. 그것은 분명합니다. 그 일은 훨씬 더 즐거운 일일 것입니다. 그리고 앞선 논의에서 말씀드린 바와 같이 히브리서 6:20("그리로 앞서 가신 예수께서 멜기세덱의 반차를 따라 영원히 대제사장이 되어 우리를 위하여 들어가셨느니라."—옮긴이)에 따르면, 그분은 전령, 다시 말해 선두 주자로 우리 거처를 예비하기 위해 들어가셨습니다. 우리의 모든 이름이 하늘에 계신 그분 주위에 기록되어 있어서 그분은 우리를 잊을 수 없습니다. "너희가 이른 곳은 시온 산과 살아 계신 하나님의 도성인 하늘의 예루살렘과……하늘에 기록된 장자들의 모임과……예수와……뿌린 피니라" 하신 말씀은 하나님의 선택으로 이루어졌습니다.히 12:22-24 그리고 그리스도께서도 그들을 위해 취하신 하늘의 모든 거처에 자기 피로 친히 그들의 이름을 새롭게 기록하셔서, 우리의 모든 이름이 그분의 눈앞에 계속해서 있습니다. 그렇습니다. 대제사장들이 자신의 흉패에 열두 지파의 이름을 기록해 지성소로 들어간 것처럼, 하늘의 그리스도는 자신의 가슴에 그들의 이름을 새기셨습니다. 하늘에 앉으셔서 그들의 머리 위에 있는 그들의 거처를 다른 누가 차지하지 못하게 하십니다. 그래서 구원은 "너희를 위하여 하늘에 간직하신 것"벧전 1:4 다시 말해, 예수 그리스도께서 그들을 위해 보존하신 것이라고 말씀합니다. 악한 천사들도 한때는 그곳에 거처가 있었습니다. 그러나 악한 천사들은 자신들의 자리를 다른 사람에게 내주어야 했습니다. 가나안 족속들이 가나안 땅을 내주어야 했던 것처럼 말입니다. 이유는 분명합니다. 우리와 달리 저들에게는 하늘에서 그들을 위해 중보하는 그리스도가 없었기 때문입니다.

(2) 그분은 자신의 영광 가운데서도 그들과 다른 모든 신자들을 마음에 두고 계심을 드러내 보이기를 원하셨습니다. 그래서 그분은 그들을 위한 일에 착수하시어 그들과 장차 올 선택받은 모든 자들을 위한 하늘 거처를 예비하시고, 이후에 그들에게 다

시 오실 것이라고 그들에게 말씀하십니다. 요한복음 14:3("가서 너희를 위하여 거처를 예비하면 내가 다시 와서")이 바로 이런 사랑의 단순한 표현입니다. 왜냐하면 그분은 원하시기만 하면, 그들에게 명령을 내려 그들이 그분에게 나아오도록 할 수도 있기 때문입니다. 그러나 이 말씀은 그분께서 친히 그들에게 오시겠다는 말씀입니다. 그분은 (소위) 열렬하고도 고귀한 자신의 하늘 영광으로 충만한 가운데서도 이렇게 하시겠다고 말씀합니다. 그분은 잠시 그 영광을 떠나 자신의 배우자에게 다시 오실 것이라고 합니다. 그렇다면 그분은 무엇을 위해 그렇게 하십니까? [1] 자기 신부를 보기 위해서입니다. "내가 다시 너희를 보리니 너희 마음이 기쁠 것이요."요 16:22-옮긴이 [2] 자기 신부를 데리고 오기 위해서입니다. "내가 다시 와서 너희를 내게로 영접하여."요 14:3 자신의 모든 위대함에도 불구하고 신랑의 범절을 따르기까지 자신을 낮추신 그리스도보다 더 탁월하게 자신의 사랑을 표현한 신랑은 없을 것입니다. 신랑 집에서 모든 준비가 되면, 신부를 데리고 오도록 사람을 보내는 것이 아니라 신랑 집에서 직접 신부를 데리러 가는 것이 관례입니다. 그때는 사랑할 때이기 때문입니다. 사랑은 내리사랑이지 치사랑이 아닙니다. 그리스도의 사랑도 마찬가지입니다. 그분은 진실로 사랑 그 자체이십니다. 그래서 친히 우리에게 오십니다. 그리스도께서 말씀하십니다. "내가 다시 와서 너희를 내게로 영접하여 나 있는 곳에 너희도 있게 하리라."요 14:3 그분께서 오시는 이유를 이 말씀의 마지막 부분이 말해 줍니다. 그분의 온전한 사랑이 드러나는 부분입니다. 그분께서는 마치 다음과 같이 말씀하시는 듯합니다. 나는 너희들 없이는 살 수 없구나. 내가 있는 곳에 너희들도 함께 있어서 우리가 다시는 헤어지지 않을 때까지 내 마음은 절대 진정되지 않는구나. 이것이 진실이다. 내 마음이 진정되지 못한 이유가 바로 이 때문이다. 하늘도 나를 진정시키지 못하고, 내가 아버지와 나누는 교제도 나를 진정시키지 못한다. 너희들이 나와 함께 있도록 내가 하지 못하면, 내 마음은 온통 너희들에게 고정될 것이며, 내가 어떤 영광을 가졌다면, 너희들도 그 영광에 참여할 것이다. 그래서 "이는 내가 살아 있고(Because I live) 너희도 살아 있겠음이라(you shall live)"는 말씀이 19절에 나옵니다. 이것이 이유입니다. 게다가 이것은 맹세나 마찬가지입니다. 하나님께서는 맹세하실 때 **"내가 살아 있는 것과"**(As I live, 민 14:21—옮긴이)라는 말씀으로 시작하며, 그리스도께서는 **"내가 살아 있고"**(Because I live)라는 말씀으로 시작합니다. 그분께서는 이 약속에 자기 생명을 걸고, 이것 외 다른 어떤 것을 위해 살기를 원하지도 않습니다. "그는 살아서 자기 씨를 볼 것이요"(사 53:10, 저자 사역, "그가 씨를 보게 되며 그의 날은 길 것이요", 개역개정—옮긴이). 더 나아가 그들을 향한 그분 마음의 갈망과 역사를 더 많이 표현하기 위해 그분은 머지않아 그들에게 다시 오실 것을 말씀합니다. 그래서 그분은 "조금 있으면 너희가 나를 보지 못하겠고 또 조금 있으면 나를 보리라"고 말씀합니다.요 16:16 그분을 보지 못하는 시간은 십자가 죽음 이후 무덤에 장사된 기간이 아니라, 부활 이후 40일 만에 하늘에 오르셔서 세상을 심판하러 다시 오시기까지 이 땅에서 그분을 다시 보지 못하는 그 기간을 가리킵니다. 그런데 그분은 승천 이후의 시간을 '조금 있으면'으로 표현하고 그 기간이 지나면, 다시 말해 심판 날에 '나를 보리라'고 말씀합니다. "잠시 잠깐 후면 오실 이가 오시리니 지체하지 아니하시리라"는 말씀도 있습니다.[히 10:37] 원문은 ἐτι γαρ μιχρὸν ὁσον ὁσον, ὁ ἐρχομενος ἡξει(잠시 잠깐 후면 오실 이가 오시리니)입니다. 이 말은 시간상으로는 길 수 있지만 조금도 지체하지 않고 오시겠다는 그분의 열망을 표현한 것으로, 우리를 위해 하늘에서 해야 할 모든 일이 끝나자마자 한 순간도 지체하지 않겠다는 말씀입니다. '오신다'는 말이 반복되고 있는 ὁ ἐρχομενος ἡξει(오실 이가 오시리니, veniens veniet, "반드시 응하리라", 합 2:3—옮긴이)에는 오시고자 하는 강렬한 열망, 다시 말해 그분의 마음은 항상 이것을 생각하시며 지금도 오고 계시기에 멀리 계실 수 없다는 뜻이 있습니다. 히브리어 구절[합 2:3-옮긴이] 또한 '내가 예상한 것을 기대하며', '내가 바라던 것을 갈망하며' 등의 뜻으로 어떤 행위의 긴급성, 열정, 격렬함 등을 의미하며, 그분은 이런 마음으로 오실 것을 말합니다. 그분은 이런 표현으로도 자신의 갈망을 나타내기에는 미흡하셨는지 이 모든 표현에다 '지체하지 아니하시리라'는 말씀을 덧붙입니다. 이 모든 것은 그분으로부터 택함받은 이 땅에 있는 이들을 향한 그분의 무한히 뜨거운 마음—택함받은 이들을 하늘에 있는 그분 곁에 모두 두려는 마음—을 의미합니다. 그분께서는 반드시 해야 하는 모든 일을 끝낸 후 한순간도 지체하지 않을 것입니다. 그분은 모든 세대에 있는 각 성도를 위한 처소를 자신의 중보로 모두 예비하십니다. 그래서 그들 모두를 단번에 맞이하셔서 그들 모두를 그분 곁에 두실 것입니다. 그분은 그때까지만 지체하실 뿐입니다.

(3) 그분이 이 땅에 계시지 않는 동안 그들을 향한 그분의 마음이 어떠한지를 그분은 자신의 부재중에도 그들을 위로할 세심한 준비와 규정으로 보여주십니다. "내가 너희를 고아와 같이 (세상과 마찬가지로) 버려두지 아니하고."요 14:18 이 말씀은 너희가 아버지도 친구도 없이 뒤죽박죽으로 살아가는 아이처럼 내버려두지 않을 것이라는 말입니다. 내 아버지와 내게는 유일한 한 친구가 있는데, 그 친구는 나와 아버지 양자의 품에 있으며 우리 양자에게서 나온 성령이다. 사랑하는 남편은 자신의 부재중에 가장 친한 친구에게 자기 아내를 맡기는 것처럼, 그리스도께서도 이 땅에 계시지 않는 동안 성령을 우리에게 보내실 것이라고 합니다. "내가 아버지께 구하겠으니 그가 또 다른 보혜사를 너희에게 주사."요 14:16 또한 요한복음 16:7에서도 "내가 그를 너희에게로 보내리니"라고 하십니다. 그렇다면 그분은 성령에 관해 어떻게 말씀합니까?

**첫째**, 내가 이 땅에 있을 때 나는 너희에게 매여 있었다. 하지만 이제 나는 하늘에 있다. 이런 상황에 있는 나보다는 성령이 너희에게 더 나은 보혜사(위로자)가 될 것이다. 그래서 요한복음 16:7에서 그분은 다음과 같은 사실을 넌지시 말씀합니다. "내가 떠나가는 것이 너희에게 유익이라. 내가 떠나가지 아니하면 보혜사가 너희에게로 오시지 아니할 것이요." 내가 육신으로 임재해 너희를 위로할 수 있겠지만, 성령은 그의 직무상 너희를 더 잘 위로할 것이다. 사도가 말한 바와 같이 이 성령은 "하늘의 보증"이며, 엡 1:14 참조-옮긴이 이제까지 존재한 그리스도의 사랑에 대한 가장 큰 표이며 보증이며, "세상은 능히 그를 받지 못하는" 분입니다. 요 14:17-옮긴이

**둘째**, 성령이 너희 모두에게 행하는 그 모든 위로는 너희를 향한 내 마음의 표현일 뿐이다. 왜냐하면 성령은 스스로 오시지 않고, 내가 그를 보내야 하기 때문이라고 그분은 말씀합니다. 요 16:7 "그가 스스로 말하지 않고 오직 들은 것을 말하며……내 것을 가지고 너희에게 알리시겠음이라." 요 16:13-14 그러므로 이제 나의 목적은 그를 보내 내 자리에 앉게 하고, 나의 신부이자 아내인 너희를 위해 내 대신 행하도록 할 것이다. 너희가 그의 말을 듣고 그를 근심하게 하지 않는다면, 그는 나의 사랑 이야기—다른 이야기가 아닌 사랑 이야기—를 너희에게 말할 것이다. 그래서 "그가 내 영광을 나타내리니" 하신 말씀이 이루어진 것으로 너희에게 보이겠지만, 요 16:14 그렇지 않다. 왜냐하면 나 자신은 이미 하늘에서 영광을 받았기 때문이다. 그가 너희 마음에 전하는 모든 말은 나를 이해하는 데 큰 도움이 되며, 내 말과 너희를 향한 사랑을 크게 할 것이며, 이를 행하는 것이 그에게도 큰 기쁨이 될 것이다. 그는 원하기만 하면 즉시 하늘에서 와서 내 마음에 있는 새로운 소식을 너희에게 전하고, 그가 너희에게 말하려고 하는 바로 그 순간에 내가 너희에 대해 가진 생각, 다시 말해 너희에 관한 최근의 마지막 생각까지도 그는 너희에게 말할

것이다. 그래서 고린도전서 2장에서 "우리가……하나님으로부터 온 영을 받았으니"12절 하신 말씀은 "우리가 그리스도의 마음을 가졌느니라"16절는 말씀과 같습니다. 성령은 그리스도의 마음에 거하실 뿐 아니라 우리 마음에도 거하셔서, 한편으로 그리스도의 생각을 우리에게 전하고, 다른 한편으로 우리의 기도와 믿음을 그리스도에게 전하시기 때문입니다. 그래서 내가 너희와 함께 있는 것처럼 너희는 내 마음을 분명하고도 신속히 알 것이고, 성령은 너희를 향한 내 사랑이나 나를 향한 너희의 사랑으로 끊임없이 너희 마음을 깨뜨려 내 사랑을 확신하게 할 것이다. 너희는 지금 너희 마음에 성령을 가지고 있다. "그는 너희와 함께 거하심이요."요 14:17 그러나 내가 하늘로 올라간 후에는 한 걸음 더 나아가 "또 너희 속에 계시겠음이라"고 말씀합니다.요 14:17 그래서 (그의 지시로) "그 날에는 내가 아버지 안에, 너희가 내 안에, 내가 너희 안에 있는 것을 너희가 알리라"고 하십니다.요 14:20 비록 나는 하늘에 있지만 너희와 나 사이에는 참된 연합, 너희를 향한 참된 친밀한 애정이 있다. 그 관계는 나와 아버지와의 관계와 같다. 이 연결 고리를 깨는 것과 너희를 향한 내 마음을 거두는 것은 불가능하다. 이것은 내 아버지가 내게서, 내가 아버지에게서 떨어지는 것과 같다. 성령은 이런 사실들을 너희에게 말할 것이다.

**셋째**, 너희를 향한 내 사랑을 말하는 성령의 말은 참이라는 사실을 너희는 확신하게 될 것이다. 왜냐하면 그는 "진리의 성령"요 16:13이며 그리스도께서 그에 관해 말한 바와 같이 그는 보혜사 사람에 대해 이야기할 때면 당신이 은근히 속이 상하는 것과 마찬가지입니다. 있을 수 있는 가장 큰 유익을 스스로 누리는 사람에 대해 이야기할 때면 은근히 마음이 상합니다. 바울이 고린도 교회 교인들에게, 너희가 생각지도 않고 있을 때에 내가 너의 영혼을 돌이켰는데도 불구하고 "어떤 이의 말이 내가……교활한 자가 되어 너희를 속임수로 취하였다 하니" 내 잘못을 용서하라고 말한 것과 같습니다.고후 12:16-옮긴이 마찬가지로 그리스도도 사실 자기 사람들을 위해 기도하는 것이 하늘에서 하시는 가장 주요한 일임에도 불구하고 여기서는 "내가 너희를 위하여 아버지께 구하겠다는 말이 아니니"라고 하시는 것입니다. 그리스도는 항상 살아서 우리를 위해 중보하는 분입니다. 항상 살아 계시는 만큼 우리를 위한 중보도 항상 계속됩니다. 또한 모든 죄인들이 구원에 이르기까지 쉬지 않으십니다. 하지만 하늘에서 행하시는 그리스도의 사역은 많은 지면이 요구되는 또 다른 주제이기 때문에 여기서는 더 이상 언급하지 않을 뿐 아니라, 앞으로도 그리스도의 설교를 다루면서는 이 주제를 더 이상 특별히 언급하지 않으려고 합니다. 그리스도의 가장 긴 설교를 기록한 요한복음 14장-16장을 읽어 보십시오. 다른 무엇보다 이 주제를 가장 길게 말씀합니다. 설교하신 다른 어떤 주제보다 그리스도의 마음이 그만큼 여기에 가 있다는 방증입니다.

그리스도께서 제자들에게 이렇게 말씀하신 이유는 그들의 마음을 진정시키고 잠잠케 하기 위함입니다. 그래서 제자들이 괴로워하는 것과 관련된 말씀이 더 많습니다. 그렇지 않았으면 이

"내가 행하리라"고 하십니다.13-14절-옮긴이 그의 아버지께서 그러신 것처럼 자녀를 세심하게 돌보는 어머니와 같이 그가 말씀할 뿐 아니라 그리스도의 돌보시는 손길이 제자들이 받는 응답에 함께함을 그들이 깨달아 알기를 바라시며 말씀합니다. 비록 너희가 내 이름으로 아버지께 구하지만 너희가 구한 기도에 대한 모든 응답은 내 손길을 통해 온다. 그리고 "내가 행하리라." 너희가 받는 모든 기도의 응답은 내 손길을 통해 이루어지며 성심을 다해 이룰 것이다.

**다섯째**, 제자를 향한 사랑을 확증하기 위해 그리스도께서는 자기에게 기도하고 무슨 일이든 자기 이름으로 구하라고 하실 뿐 아니라 자신이 친히 그들을 위해 기도할 것을 확증합니다. 제자들에게 이렇게 말씀하시는 방식을 잘 보십시오. 사람이 심혈을 기울여 충심으로 어떤 일을 할 것을 나타낼 때 사용하는 가장 섬세하면서도 설득력 있는 표현으로 제자들에게 자기 마음을 전하십니다. 그리스도께서는 "그 날에(그리스도의 승천 이후에) 너희가 내 이름으로 구할 것이요. 내가 너희를 위하여 아버지께 구하겠다 하는 말이 아니니"라고 하십니다.요 16:26 이 말씀은 그리스도께서 기도하지 않겠다는 말입니다. 이 부분에 대해서는 앞에서 이미 언급했기 때문에[14] 부연만 하고 지나가겠습니다. '나는 너를 사랑하지 않아. 아니, 내가 아니다'라는 말과 같이 화자가 자신의 사랑이 너무나 확실하고 당연한 것이기에 상대방이 확신할 수밖에 없도록 최대한 강조하는 일종의 반어법이라고 할 수 있습니다. 할 수 있는 가장 큰 친절을 그에게 베푼

장 응답되는 것을 볼 것이다. 믿으라. 믿되 "행하는 그 일로 말미암아" 나를 믿으라.요 14:11 여기서 '행하는 그 일'은 하늘의 자기 영광 가운데 계시는 동안 제자들의 기도에 대한 응답으로 그들을 위해 하실 일들을 말합니다. 제자들의 기도에 대한 답장으로 보내는 그리스도의 마음이 담긴 수많은 편지들을 가리킵니다. 이어지는 "나를 믿는 자는 내가 하는 일을 그도 할 것이요. 또한 그보다 큰 일도 하리니 이는 내가 아버지께로 감이라"요 14:12는 말씀을 보더라도 '그 일'은 그리스도의 승천 이후 제자들의 기도에 대한 응답으로 하실 일들을 가리키는 것이 분명합니다. 그리스도의 이런 역사가 드러나도록 제자들이 사용하는 방편은 무엇입니까? 기도입니다. 그래서 13절은 "너희가 내 이름으로 무엇을 구하든지 내가 행하리니"라고 합니다. 제자들을 떠나 하늘로 가셨을 때 그렇게 하시겠다는 말씀입니다. 그리고 다시 14절에서 "내 이름으로 무엇이든지 내게 구하면 내가 행하리라"고 하십니다. 그저 기도만 하라는 것입니다. 매주, 매일, 매시간 상관없이 제자들이 기도하면 듣고 응답하신다는 말씀입니다. "네 입을 크게 열라. 내가 채우리라."시 81:10-옮긴이 너희가 내게 구하는 기도와 너희의 기도에 대한 나의 응답은 끊임없이 서로를 향하는 우리의 마음을 보여주는 표지가 될 것이라는 말씀입니다. 요한복음 16:23의 말씀처럼 그리스도께서 제자들에게 자기 이름으로 아버지께 직접 기도할 것을 명령하시기 때문에 기도 응답에서 성부의 손길만 보고 그 속에 충만한 그리스도의 마음은 제대로 보지 못할까봐 요한복음 14장에서 그리스도는 두 번이나

이기도 하기 때문이다.요 14:16-17 내가 아버지로부터 왔으므로 내가 아버지에 관해 말하는 것을 너희가 믿는 것처럼, 성령은 나에게서 나왔기 때문에 그가 나에 관해, 너희를 향한 나의 사랑에 관해 말하는 모든 것을 너희는 믿을 수 있다.

항상 그렇듯이 그리스도께서 잠시 우리를 떠나 계셔야 하는 것처럼 성령도 우리를 떠나 계실 때가 있지 않겠는가 묻는 사람이 있을 수 있습니다. 여기에 대해 그리스도는 그렇지 않다고 하십니다. "내가 아버지께 구하겠으니 그가 또 다른 보혜사를 너희에게 주사 영원토록 너희와 함께 있게 하리니."요 14:16 지금 그리스도는 제자들을 잠시 떠나는 자신과 대비해 성령을 말합니다. 지금까지 그리스도께서 제자들과 함께 하셨지만 이제는 곧 그들을 떠나야 합니다. 하지만 성령은 그렇지 않습니다. "그는 너희와 함께 거하심이요. 또 너희 속에 계시겠음이라."요 14:17

**넷째**, 어떻게 자기 마음이 제자들을 향할지 그들을 확신시키기에는 지금까지 말한 것으로도 부족해서, 날마다 성령의 함께 하심을 경험할 것을 약속합니다. 내가 떠나 있는 동안 모든 일 가운데 내가 너희를 위해 하기를 바라는 것을 간구함으로 내 말이 맞는지 시험해 보라. 그러면 너희의 모든 간구를 수종들 서기관과 비서로 성령을 내가 남겨 두었음을 확인할 수 있을 것이다. "지금까지는 너희가 내 이름으로 아무 것도 구하지 아니하였으나 구하라. 그리하면 받으리니."요 16:24-옮긴이 이 말씀은 자신들을 위해 일하시도록 더 이상 구하지 않는 제자들을 책망하시는 말씀입니다. 눈으로 직접 보아야 믿을 것이라면 구하라. 그러면 당렇게 말씀하지 않으셨을 것입니다.

**여섯째**, 이어지는 요한복음 17장을 보면 이제 그리스도께서 제자들과 떨어져 혼자 자기 아버지께 나아가 제자들에게 이르신 것들을 다시 고스란히 말씀드리는 것을 알 수 있습니다. 제자들 앞에서 **그들에게** 말씀하신 것과 **제자들이** 없을 때 자기 아버지께 말씀하신 것이 전혀 다르지 않습니다. 제자들에게 말씀하신 내용과 같이 예수님 자신보다는 제자들을 위한 간구로 가득합니다. 그러므로 그리스도께서는 중심으로 제자들에게 말씀하셨을 뿐 아니라, 마음이 온통 그것에 사로잡혀 있었습니다. 우리가 알다시피 요한복음 17장은 그리스도께서 고난받기 직전에 드린 기도를 담고 있습니다. "아버지여……원하옵나이다"요 17:24에서 볼 수 있듯이 그리스도는 여기서 십자가로 마음을 정하시고 마지막 간구를 드립니다. 그리고 이 간구는 하늘로 가신 후 친히 이루고 목도하실 일들입니다. 아르미니위스Arminius는 이 기도는 하늘로 가신 그리스도께서 우리를 위해 이루실 중보의 요약이라고 바르게 말했습니다. 자신의 역사를 마치고 이제 자신이 일한 삯을 요구하기 위해 나아온 이로서 하늘에서 하려고 뜻하신 대로 말씀하셨습니다. "내게 하라고 주신 일을 내가 이루어…… 영화롭게 하였사오니."요 17:4 자기 자신을 위해서는 한두 마디 밖에 기도하지 않은 반면에 제자들을 위해서는 거의 다섯 배나 많은 간구를 하십니다. 자신을 위한 기도가 나오는 처음 다섯 절을 제외한 17장의 나머지 부분은 제자들을 위한 기도로 채워져 있습니다. 자기 아버지께서 자기 자녀들을 위해 일하시도록 가능한 모든 논증을 사용합니다. "아버지께서 내게 하라고 주신 일을 내가 이루어" 하신 말씀은 아버지의 일로 아버지께서 내게 맡기신 것을 행했다는 말입니다. 그들은 아버지의 것이었는데 내게 주셨으며, 나는 그들을 아버지의 것으로 아버지께 드립니다. "내 것은 다 아버지의 것이요. 아버지의 것은 내 것이온데." 요 17:10-옮긴이 그리스도 스스로는 한 명도 더하지 않았고, 아버지께서 자기에게 주신 사람들을 위해서만 모든 관심을 다 기울였다는 말입니다. 그렇게 하신 이유가 무엇입니까? 아버지가 자기에게 주신 사람 말고는 한 사람도 거기에 더하려고 입을 열지 않을 것이라고 고백합니다. "내가 비옵는 것은 세상을 위함이 아니요"라고 하십니다.요 17:9-옮긴이 단 한 명이라도 멸망의 자식을 위해서 입을 여는 일은 없을 것이지만, 아버지께서 주신 아버지와 상관이 있는 자들을 위해서는 자기 몸의 모든 피와 기도와 아버지와의 모든 관계를 아낌없이 사용한다는 말입니다. 아버지께서 창세 전에 내게만 주신 영광이 있지만, 그럼에도 불구하고 그 영광만큼 소중히 여기는 또 다른 영광이 있는데 그것은 바로 아버지께서 내게 주신 자들이 구원에 이르는 영광이라고 하십니다. "내가 그들로 말미암아 영광을 받았나이다."요 17:10 "그들로 내 기쁨"을 가지게 되기 때문에,요 17:13 그들도 "나 있는 곳에 나와 함께" 있어야 한다.요 17:24 무엇이든 내가 누리는 영광에는 그들도 함께 참여해야 한다. 그래서 "내게 주신 나의 영광을 그들로 보게 하시기를 원하옵나이다"라고 기도하십니다.요 17:24 마치 이미 하늘에 이르렀고 모든 영광을 다 소유한 것처럼 말씀합니다. 그러므로 이 기도는 하늘에 계신 그리스도의 마음을 나타낸 것이요, 그리스도에게 속한 자들이 딛고 설 아주 견고한 터입니다.

## Ⅱ. 부활하신 후 그분께서 하신 말씀과 표현으로부터의 논증

지금까지의 논증은 그리스도의 행적과 십자가 죽음 직전에 제자들에게 하신 설교에서 비롯된 것들로 곧 그들을 떠나야 할 것을 밝히는 내용도 포함되었습니다. 지금부터는 부활 후 우리 구주의 모습과 행적을 살펴보겠습니다. 하늘로 올라가신 후 죄인들을 향한 그리스도의 마음과 그의 사랑이 어떤지가 더욱 확연히 드러납니다. 그리스도의 부활은 과연 자신의 영광을 향해 떼는 첫걸음이자 그곳으로 들어가는 관문이었습니다. 육신이 무덤에 뉘였을 때 그가 입으셨던 이 땅의 모든 연약함과 육신의 고난도 함께 장사되었습니다. 우리의 것과 다름없는 약한 것으로 심었지만 다시 살아났습니다. 불멸과 영광의 몸에 합당한 성향을 입으셨습니다. "약한 것으로 심고 강한 것으로 다시 살아나며."고전 15:43-옮긴이 히브리서 기자의 독특한 표현과 같이 "그는 육체에 계실 때에"히 5:7-옮긴이 다시 말해, 연약한 상태로 계실 때는 그의 부활과 더불어 다 지나갔습니다. 새로운 성격과 특질로 단장된 새로운 육신으로 옷 입으셨습니다. 하늘의 영광을 받아 누리기에 합당한 몸입니다. 그렇기 때문에 부활하신 직후에도 그 마음은 여전히 우리를 향해 있습니다. 그러한 그리스도의 모습은 하늘에서도 지속될 것을 보여줍니다. 사실 그리스도께서 부활하신 그때만큼 죄인들을 향한 그리스도의 사랑이 지속될 것인지의 여부를 가늠하기 좋은 때도 없었습니다. 당시는 모든 제자들(특히 베드로)이 그리스도를 등지고 그분께 가장 합당하지 않은 태도를 취한 때였습니다. 바로 그때 그리스도께서는 일찍이 누구도 보여준 적이 없는 가장 위대한 사랑의 행위로 그들을 대하셨습니다. 그들을 위해 죽으신 것입니다. 이처럼 하나님께서는 자주 우리를 향해 가장 큰 긍휼로 가장 큰 유익을 베푸시는데, 우리는 그때조차도 그분을 거스려 죄를 짓습니다. 하지만 이로써 그분의 사랑은 더욱 분명히 드러나게 됩니다. 겟세마네 동산에서 제자들이 함께 깨어 있기만 해도 위로가 될 것 같은 때, 고뇌와 번민으로 신음하는 격렬한 고통의 때에도 제자들은 전혀 아랑곳하지 않고 무정한 나무토막들처럼 곯아떨어졌습니다. 그리스도의 고통에 대한 일말의 연민만 있어도 이렇게까지는 하지 못했을 것입니다. "너희가 나와 함께 한 시간도 이렇게 깨어 있을 수 없더냐."마 26:40-옮긴이 심지어 베드로는 맹세와 저주까지 하며 그리스도를 부인했습니다. 그리스도가 무덤에 장사된 후에는 제자들 모두가 그리스도에 대한 믿음을 저버렸습니다. 제자들 가운데 두 명은 "우리는 이 사람이 이스라엘을 속량할 자라고 바랐노라"고 했습니다.눅 24:21 그가 과연 약속된 메시아였는지 의문을 제기하기까지 했습니다. 하늘에서 지니신 마음과 육신을 입으신 채로 다른 세상, 즉 죽은 자들 가운데서 다시 살아나신 후 그리스도께서 제자들에게 주신 첫 메시지가 무엇이었습니까? 제자들은 그분께서 고난당할 때 모른 체하였습니다. 우리들도 마찬가지입니다. 그래서 그분 또한 우리를 모른 체하거나 아니면 믿음을 저버린 제자들의 어리석음을 책망하실 것이라고 우리는 생각합니다. 하지만 여기 그리스도께서 부활 후 제자들을 향해 처음 하신 말씀을 보면 전혀 그렇지 않다는 것을 알 수 있습니다. "내 형제들에게 가서 이르되."[요 20:17] 그분께서는 제자들을 가리켜 '내 형제들'이라고 하십니다. 성경 다른 곳에서도 그리스도께서는 한없는 겸손과 사랑으로 제자들을 그렇게 부르신 것을 알 수 있습니다. "그러므로 형제라 부르시기를 부끄러워하지 아니하시고."[히 2:11] 그리스도께서 형제라 부르신 그들은 정작 그분과의 관계를 부끄러워했는데도 말입니다. 처음 자기 영광으로 들어가신 후에도 제자들을 이렇게 부르신 것은 그들을 향한 더 큰 사랑이 있음을 보여줍니다. 애굽의 총리가 된 요셉이 자기 형제들에게 자신이 바로 그들이 판 요셉이라는 사실을 처음 밝히면서 "나는 당신들의 아우 요셉이니"[창 45:4]라고 한 것과 같이 그리스도도 여전히 제자들을 형제로 부르십니다. 제자들에게 가서 그들의 형제 예수를 보았다고 말하라 합니다. 그들이 여전히 내 형제인 것을 말해 주라고 합니다. '형제'는 그리스도께서 자기 영광으로 부활하신 후 제자들을 칭한 첫 말씀입니다. 그렇다면 제자들을 그렇게 부르시며 하신 첫 메시지가 무엇입니까? "내가 내 아버지 곧 너희 아버지……께로 올라간다 하라"는 말씀이었습니다.[요 20:17-옮긴이] 요셉이 자기 형제들을 부른 것보다 훨씬 더 친근한 말이요, 그가 자기 형제들에게 보인 사랑(형제들을 향한 연민이 가득한 사랑이었음에도 불구하고)보다 무한히 더 큰 사랑의 말씀입니다. 형제들에게 자신이 요셉인 것을 밝히는 말미에 요셉은 "당신들이 애굽에 판 자라"창 45:4-옮긴이는 말을 덧붙임으로 형제들에게 그들의 무정함을 상기시킨 반면에 그리스도는 그렇게 하지 않으셨습니다. 제자들이 그리스도를 저버린 것에 대해서 그분은 일언반구도 하지 않으셨습니다. 자신이 범한 죄악에 대한 생각으로 가득한 가련한 죄인들은 마지막 날 그들이 처음으로 대면할 그리스도를 어떤 낯으로 보게 될지 알지를 못한다. 하지만 그들은 자신에게 죄를 범한 자기 제자들을 향한 그리스도의 모습을 보고서, 자신들의 염려와 두려움에도 불구하고 그 영혼들은 안도할 것이다. 두려워하지 말라. "네 죄를 기억하지 아니하리라."사 43:25-옮긴이 더구나 그리스도께서는 자신이 제자들을 위해 한 일을 상기하라고 하지 않습니다. 내가 그들을 위해 죽은 것이라고 가서 말하라고 하지 않습니다. 내가 그들을 위해 당한 고난에 대해서 그들이 얼마나 무심했는지 상기시켜 주라고도 하지 않습니다. 그런 말씀은 없습니다. 오히려 그리스도의 관심과 마음은 더욱 제자들을 향합니다. "여자가 해산하게 되면 그때가 이르렀으므로 근심하나 아기를 낳으면 세상에 사람 난 기쁨으로 말미암아 그 고통을 다시 기억하지 아니하느니라"요 16:21-옮긴이 하신 말씀처럼 그리스도께서는 지난 일을 떠올리지 않을 뿐 아니라 벌써 자신이 당한 고난조차 잊었습니다. 이 땅에서 자기 사람들을 위한 일을 마치신 그리스도는 이제 그들을 위한 또 다른 일을 위해 하늘로 가는 발걸음을 서두릅니다. 부활하신 후에도 아직 이 땅에서 하실 일이 남아 있어 40일을 더 머물러야 했지만, 하늘에서 그들을 위해 일하고자 하는 열망이 너무도 큰 나머지 현재 시제를 사용해 제자들에게 자신의 승천을 말씀하십니다. "내가……올라간다"(I ascend, 요 20:17, KJV—옮긴이). '내 아버지'뿐 아니라 '그들의 아버지'께로 가는 것에 대한 기쁨을 표현합니다. 앞에서 말한 것처럼 자기 사람들을 위해 하나님과의 사이에서 중보자가 되는 기쁨입니다. 우리의 형제인 예수가 참으로 살아 있지 않습니까? 그가 우리를 형제라 부르지 않습니까? 그분께서는 이 정도로 우리에 관해 사랑스럽게 말씀하시는가? 어떤 마음이 이 사랑에 압도되지 않을 수 있겠는가?

하지만 이는 제자들을 대면하기 전에 그들에게 전하라고 말씀하신 것에 불과합니다. 지금부터는 제자들을 대면하시는 예수님의 행적과 말씀을 살펴봅시다. 제자들을 다시 보게 되었을 때 예수님은 "너희에게 평강이 있을지어다"라고 인사했습니다.요 20:19 이 인사는 21절에도 반복됩니다. 그런데 이 말씀은 제자들을 떠나며 하신 설교의 말씀과 전혀 다르지 않습니다. "나의 평안을 너희에게 주노라."요 14:27-옮긴이 그 후에 "그들을 향하사 숨을 내쉬며"요 20:22-옮긴이 성령을 더 풍성히 주십니다. 이것은 하늘에 계시면서 더 풍성한 일을 하실 것에 대한 예표입니다. 제자들에게 숨을 내쉰 신비로운 행위는 성령이 아들과 아버지로부터 온다는 사실을 말하는 것은 물론 제자들에게 성령을 주시고 제자들을 향한 그리스도의 마음이 어떠한지를 분명히 보여주기 위한 중심 행위입니다(사람이 가슴으로부터 숨을 내쉬는 것처럼). 그리스도께서 제자들에게 성령을 주신 목적이 무엇입니까? 성령은 그 자리에 있던 제자들만을 위한 것이 아니었습니다. 성령의 도우심과 은사를 힘입어 사람들을 그리스도에게 돌이킴으로 그들의 죄를 용서하기 위함입니다. "너희가 누구의 죄든지 사하면"요 20:23-옮긴이이라는 말은 제자들의 사역을 통해 사람들의 죄가 "사하여질 것"을 뜻합니다.요 20:23-옮긴이 우리가 보다시피 그리스도의 마음은 여전히 죄인들을 향해 있습니다. 그들의 영혼을 돌이키는 것이 그분의 관심사입니다. 그래서 또 다른 복음서 기자인 마가는 다음과 같은 말로 자신의 복음서를 마무리합니다. "너희는 온 천하에 다니며 만민에게 복음을 전파하라. 믿고 세례를 받는 사람은 구원을 얻을 것이요."막 16:15-16 또한 누가복음 24:46-47은 그리스도의 마지막 말씀을 이렇게 적고 있습니다. "이같이 그리스도가 고난을 받고 제삼일에 죽은 자 가운데서 살아날 것과 또 그의 이름으로 죄 사함을 받게 하는 회개가…… 모든 족속에게 전파될 것이 기록되었으니." 이는 바로 십자가에 못 박혀 돌아가시기 전 며칠 머물렀던 바로 그 장소인 "예루살렘에서 시작"될 것이라고 합니다.눅 24:47 다른 곳은 몰라도 예루살렘만큼은 무시하고 오히려 그냥 지나치도록 하셨으리라 생각할지도 모르겠습니다. 하지만 그리스도께서는 바로 그 도성에서부터 시작하라고 하십니다. 나를 십자가에 못 박으라고 외친 그 도성 사람들로 하여금 내 죽음의 첫 열매와 은혜를 맛보게 하라는 말씀입니다. 바로 그 일을 위해 그리스도께서는 또한 이렇게 말씀합니다. "볼지어다. 내가 내 아버지께서 약속하신 것을 너희에게 보내리니."눅 24:49 또 한 번은 제자들 중 두 사람에게 나타나 "미련하고 선지자들이 말한 모든 것을 마음에 더디 믿는 자들"이라고 책망하셨습니다.[눅 24:25] 잘 보십시오. 자신을 저버리고 떠난 것을 책망한 것이 아닙니다. 그리스도를 믿지 않은 것을 책망한 것입니다. 그래서 "미련하고……마음에 더디 믿는 자들"이라고 하신 것입니다.[눅 24:25] 요한복음 11:15과 같이 그리스도께서는 우리가 믿을 때 기뻐하십니다. 그 후, 그리스도께서는 다른 열한 제자 모두가 있을 때 나타나 그들을 책망하십니다. 이 역시 "그들의 믿음 없는 것과 마음이 완악한 것"을 꾸짖으신 것입니다.[막 16:14-옮긴이] 제자들이 여전히 믿지 않았기 때문입니다. 그들의 죄 가운데 그들이 오직 믿지 않는 죄(제자들의 죄를 용서해 주셨다는 사실을 믿지 않는 죄—옮긴이) 때문에 괴로워하셨습니다. 여기서 우리는 그리스도의 마음을 알 수 있습니다. 그리스도께서는 사람들이 자기를 믿기를 바라십니다. 십자가에 죽으시기 전뿐 아니라 영광 가운데 부활한 지금도 다르지 않습니다. 그 후, 도마를 만났을 때도 그의 불신앙을 책망하시며 그리스도를 "본 고로 믿느냐 보지 못하고 믿는 자들은 복되도다"라고 하셨습니다.[요 20:29] 제자들에게 나타나셔서 특별히 베드로를 대면하기도 했습니다. 하지만 그의 죄악이나 베드로가 자신을 저버린 것에 대한 언급은 한 마디도 않으시고 자기를 사랑하는지 물어보시며 자기에 대한 사랑을 증거하게 하셨습니다. "시몬아 네가……나를……사랑하느냐?"[요 21:15] 그리스도는 자기를 향한 사랑의 선율 듣기를 기뻐하십니다. "내가 주님을 사랑하는 줄 주님께서 아시나이다"[요 21:15-옮긴이]라고 베드로가 말한 것처럼 그리스도를 향한 우리의 사랑을 이미 아심에도 불구하고 그분께 들려 드리는 사랑 고백은 그 귀에 너무나 감미로운 음악입니다. 그리스도께서는 베드로에게 세 번이나 물으셨습니다. 왜 그리스도께서는 세 번이나 베드로에게 자기를 사랑하는지 물으시면서 "내……양을 먹이라"고 하셨습니까?요 21:15-옮긴이 승천하신 후 하늘에 계실 때 베드로에게 있는 그리스도를 향한 사랑을 그의 양을 먹이는 위대한 증거를 통해 나타내기를 바라신 것입니다. 그리스도의 마음과 그분의 지극한 돌보심이 어디를 향하는지를 분명히 보여주는 부분이 아닐 수 없습니다! 그리스도의 마음은 전적으로 자신의 양과 회심할 영혼들을 향해 있었습니다. 앞에서 그리스도에게는 또 다른 양이 있다고 했습니다. "또 이 우리에 들지 아니한 다른 양들이 내게 있어 내가 인도하여야 할 터이니."요 10:16 그분께서는 이 일을 사도들에게 남겨 주셨습니다. 그러나 여기 이 말씀은 더욱 감동적이고 사랑이 넘칩니다. 양(sheep)은 스스로 움직일 수 있지만, 가련한 어린 양(lamb)은 그렇지 않기 때문입니다. 그래서 그리스도는 베드로에게 "내 어린 양(lamb)을 먹이라"고 하십니다.요 21:15 요한은 자신이 쓴 편지의 수신인들을 일컬어 "나의 어린 자녀들아"(요일 2:1, KJV, "나의 자녀들아", 개역개정—옮긴이)라고 하면서 그들을 향한 자신의 사랑을 표현한 것도 이런 경우입니다. 복음서 기자가 부활하신 그리스도의 이런 행적들을 기록한 이유가 무엇입니까? 부활하신 그리스도의 행적을 기록한 기자들 가운데 하나인 사도 요한이 우리에게 그 답을 줍니다. 요한복음 20:30에 보면 부활 후에 "예수께서……다른 표적도 많이 행하셨다"고 합니다. 부활하신 후에 행하신 일들 가운데 "이 책에 기록되지 아니한" 것들이 있는데, 그중에 어떤 것들은 다른 전도자들에 의해 기록되었지만, 그렇지 않은 것도 있기 때문입니다. 하지만 이렇게 기록한 것은 "예수께서 하나님의 아들 그리스도이심을 믿게 하려" 함입니다. 요 20:31 그래서 당신이 그분을 세상의 구주요 메시아로 알고 나아가도록 하기 위함입니다. 부활 후 그리스도의 행적에 대한 기록 대부분이 죄인들을 향한 그분의 마음과 모습을 보여주고 있는 것도 바로 그런 이유 때문입니다. 또한 우리가 그리스도를 믿고 "그 이름을 힘입어 생명을 얻게 하려 함"입니다. 요 20:31-옮긴이

## Ⅲ. 그분께서 하늘로 올라가며 하신 말씀과 그 이후에 하신 말씀으로부터의 논증

1. 이제 승천하시는 그리스도를 보겠습니다. 승천하시는 그리스도의 모습은 자기 사람들을 향한 그리스도의 사랑을 우리 마음에 더욱 분명히 확증합니다. 누가복음 24:50은 "예수께서 그들을 데리고 베다니 앞까지 나가사 손을 들어 그들에게 축복하시더니"라고 말씀합니다. 곧바로 이어지는 51절의 "축복하실 때에 그들을 떠나 하늘로 올려지시니" 하신 말씀은 승천의 위대한 신비를 더욱 강조하고 주목하게 합니다. 그리스도께서는 이 축도를 제자들을 향한 이 땅에서의 마지막 행위로 남겨 두셨습니다. 이 축도가 무엇을 뜻합니까? 하나님께서 "생육하고 번성

하여"창 1:22, 행 3:26-옮긴이라는 명령으로 아담과 하와를 축복하시고 또 그들을 통해 이어질 온 인류를 축복하신 것처럼, 제자들을 축복하기 위함입니다(앞에서 말씀드린 것처럼). 따라서 지금 그리스도께서는 제자들을 축복하심으로 땅 끝까지 전해질 그들의 증거를 통해 믿을 모든 자들을 축복하고 계십니다. 승천의 모습에 대해서는 이렇게만 말하고 지나가겠습니다. 사도행전 3:26에서 베드로가 이 신비를 해석합니다. 유대인들에게 말하는 가운데 베드로는 "하나님이 그 종을 세워 복 주시려고 너희에게 먼저 보내사"라고 합니다. 어떻게 복을 주십니까? "돌이켜 각각 그 악함을 버리게" 하여 그들을 용서하시고 그들을 복 주십니다. 행 3:26-옮긴이 "허물의 사함을 받고 자신의 죄가 가려진 자"가 복이 있기 때문입니다.시 32:1-옮긴이 이처럼 승천하시는 그리스도의 모습에서 우리는 자기 사람들을 향한 그리스도의 사랑을 확인할 수 있습니다.

2. 하늘에 오르셔서 존귀하게 되었을 때 그리스도께서 하신 일을 살펴보겠습니다. 승천 후 그리스도께서는 마지막 설교에서 하신 모든 약속을 얼마나 풍성히 이루셨는지 모릅니다!

**첫째**, 디도서에서 말하는 것처럼 성령을 즉시 "풍성히" 부어 주셨습니다.딛 3:6-옮긴이 또한 베드로 사도는 그리스도의 승천 후 처음 행한 설교에서 "하나님이 오른손으로 예수를 높이시매 그가 약속하신 성령을 아버지께 받아서 너희가 보고 듣는 이것을 부어 주셨느니라"고 합니다.행 2:33 그때가 승천하신 그리스도께서 가시적으로 성령을 베드로에게 부어 주신 때였습니다. 그래서 에베소서는 이렇게 말합니다. "그가 위로 올라가실 때에 사로잡혔던 자들을 사로잡으시고 사람들에게 선물을 주셨다.……봉사의 일을 하게 하며……그에게서 온 몸이 각 마디를 통하여 도움을 받음으로 연결되고 결합되어 각 지체의 분량대로 역사하여 그 몸을 자라게 하며."[엡 4:8, 12, 16] 다시 말해, 선택받은 죄인들을 돌이켜 성도가 되게 하기 위함입니다. "목사와 교사"와 같은 선물은 오늘날까지 여전히 남아 있습니다.[엡 4:11-옮긴이] 이 성령은 여전히 우리의 마음에 계시고, 바로 오늘까지도 우리가 설교할 때, 설교를 들을 때, 기도할 때 우리 가운데 일하시고 그리스도의 사랑으로 우리를 설득합니다. 이런 모든 일 가운데서 역사하는 성령은 이 땅의 죄인들을 향한 그리스도의 사랑이 지금도 여전히 하늘에서 계속됨을 증거하는 보증입니다. 우리가 하는 모든 설교와 당신이 드리는 기도들은 그리스도의 마음이 처음과 같이 여전히 죄인들을 향하고 있음을 증거합니다. 이런 모든 일들 가운데 역사하는 바로 이 성령께서 그리스도의 이름으로 그리스도를 대신하여 오시고 그가 명한 모든 일을 행하시기 때문입니다. 지금 혹은 다른 때에라도 이런 설교에 아무런 감동이 없습니까? 설교를 통해 우리를 감동케 하시는 이가 누구입니까? 하늘에 계신 그리스도의 이름으로 말씀하시는 성령입니다. 심지어 그리스도는 "하늘로부터 경고하신 이"라고 성경은 말합니다.[히 12:25] 우리로 기도하게 하고 우리 마음에서 "우리를 위하여 친히 간구하시는" 분도 성령입니다.[롬 8:26] 우리 마음에서 이루어지는 성령의 중보는 바로 하늘에 계시는 그리스도의 중보에 대한 증거요, 반향입니다. 성령이 우리 **안에서** 기도합니다. 그리스도께서 우리를 **위해** 기도하시기 때문입니다. 성령은 이 땅에서 중보하는 분이고, 그리스도는 하늘에서 중보하는 분입니다. 제자들 안에서 그들에게 생명의 말씀으로 말씀하실 때 성령은 그리스도께서 제자들에게 하신 그대로 말씀하셨습니다. 마찬가지로 우리 안에서 기도하실 때도 성령은 그리스도께서 하시는 그대로 기도하십니다. 그리스도의 마음과 입술에서 말해지는 것처럼 말씀하고 중심으로 하나님께 동일한 기도를 드리도록 합니다. 성령께서는 성찬에도 함께하셔서 잔을 통해 우리를 향해 미소 짓는 그리스도의 얼굴을 보게 하고, 이 얼굴에서 우리를 향한 그리스도의 마음을 보도록 하십니다. 이렇게 성찬을 통해 그리스도를 보게 하심으로 우리가 기쁨으로 교회당을 나서도록 하십니다.

**둘째**, 사도들의 기도에 대한 응답으로 이루어진 이적과 회심 같은 모든 역사들은 그리스도께서 약속하신 것을 하늘에서 이루신 증거입니다. 그리스도의 승천 후 3,000명이나 되는 영혼들을 돌이킨 베드로의 첫 설교는 그야말로 죄인들의 폐부를 찌르는 것이었습니다! 사도들은 계속해서 그리스도로 말미암아 그리스도의 이름으로 받는 죄 사함을 설교함으로 사람들을 그리스도에게 이끌었습니다. 사도들의 이런 설교를 확증하는 놀라운 표적과 기사가 얼마나 따랐습니까! 이 모든 것이 하늘에 계신 그리스도께서 행하시는 중보의 열매들이었습니다. 이처럼 하늘에서도 그들을 기억하는 증거로 약속하신 일들이 풍성히 이루어졌습니다. 그리스도에게 간구함으로 사도들은 과연 "그보다 큰 일도" 행했습니다.요 14:12 사도행전 4:29-30의 베드로의 기도가 바로 그런 기도였고 또 그와 같이 응답되었습니다. 다음 말씀도 같습니다. "우리가 이같이 큰 구원을 등한히 여기면 어찌 그 보응을 피하리요. 이 구원은 처음에 주로 말씀하신 바요. 들은 자들이 우리에게 확증한 바니 하나님도 표적들과 기사들과 여러 가지 능력과 및 자기의 뜻을 따라 성령이 나누어 주신 것으로써 그들과 함께 증언하셨느니라."히 2:3-4 그렇습니다. 신약성경과 그 안에 기록된 모든 약속과 그리스도의 사랑에 대한 표현들을 보십시오. 그리스도께서 하늘로 가신 후 그가 보내신 성령으로 말미암아 이 모든 것이 기록되었습니다. 그러므로 신약성경에서 발견하는 모든 것은 바로 그리스도의 마음에서 비롯되었다고 할 수 있습니다. 따라서 이 땅에서 말씀하신 그 어떤 것도 하늘에 계시는 것 때문에 없어지지 않을 뿐 아니라 그분의 마음은 여전히 이 땅에 계실 때의 마음과 동일합니다. 이런 사실을 숙고함으로 우리는 그리스도의 말씀에 대한 믿음을 더욱 확고하게 할 수 있습니다.

**셋째**, 사도들 가운데 어떤 이들은 승천 이후 수년이 지난 후에도 그리스도와 만나 이야기를 나누었습니다. 요한과 바울이 그렇습니다. 더구나 바울은 하늘로 이끌려 올라가 그리스도를 보았습니다. 이 두 사람 모두 그리스도에 대해 동일한 것을 말합니다. 바울은 그리스도께서 이 땅에 계시는 동안 직접 그분의 설교를 들어 본 적이 없는 사람입니다. 사도나 다른 사람들로부터 복음을 받은 것도 아닙니다. 갈라디아서 1:11-12을 보면 바울은 하늘로부터 오신 예수 그리스도를 직접 대면하여 복음을 듣고 회심하였다고 합니다. 그리스도의 승천이 있은 지 수년이 지난 후에 일어난 일입니다. 이 경우만 보더라도 그리스도께서는 세상 끝 날까지 자기의 마음과 뜻이 계속해서 이어질 것을 각 죄인들에게 풍성히 보여주신 것을 알 수 있습니다. 이 위대한 사도는 성경 두 곳에서 이 사실을 말합니다.

첫째는 디모데전서 1장입니다. "내가 전에는 비방자요 박해자요 폭행자였으나 도리어 긍휼을" 입었고,[13절] "주의 은혜가…… 넘치도록 풍성하였도다"라고 합니다.[14절] 그리고 하늘에 계신 그리스도께서 친히 그에게 말씀하기라도 한 것처럼 "미쁘다 이 말이여.……그리스도 예수께서 죄인을 구원하시려고 세상에 임하셨다 하였도다. 죄인 중에 내가 괴수니라"고 선언합니다.[15절] 그리고 바울은 그리스도께서 그렇게 크신 긍휼로 자신을 돌이키신 것과 그것을 디모데에게 증거하는 것도 바로 미쁜 이 말을 증거하기 위함이라고 합니다. "그러나 내가 긍휼을 입은 까닭은 예수 그리스도께서 내게 먼저 일체 오래 참으심을 보이사 후에 주를 믿어 영생 얻는 자들에게 본이 되게 하려 하심이라."[16절] 우리가 보다시피 이는 세상 끝 날까지 모든 죄인들에게 그들을 향한 그리스도의 마음을 확증하기 위한 것이 분명합니다. 지금 바울은 그리스도께서 자신을 오래 참으신 것은 그 후로 그리스도를 믿고 영생에 이를 자들에게 그들을 향한 그리스도의 마음이 어떤지를 보여주기 위함이라고 말하는 것입니다.

둘째는 이 사실에 대한 증거인 바울의 회심입니다. 바울은 그리스도께서 하늘에서 자기에게 하신 말씀을 애써 이 부분에 그대로 넣습니다. "일어나 너의 발로 서라. 내가 네게 나타난 것은 곧 네가 나를 본 일과 장차 내가 네게 나타날 일에 너로 종과 증인을 삼으려 함이니 이스라엘과 이방인들에게서 내가 너를 구원하여 그들에게 보내어 그 눈을 뜨게 하여 어둠에서 빛으로, 사탄의 권세에서 하나님께로 돌아오게 하고 죄 사함과 나를 믿어 거룩하게 된 무리 가운데서 기업을 얻게 하리라 하더이다." 행 26:16-18 형제들이여, 이는 바로 승천하신 그리스도께서 친히 바울에게 나타나 하신 말씀이자 바울이 그리스도와 나눈 말씀입니다.

승천 이후 60년이 지났을 때 이번에는 사도 요한이 그리스도로부터 계시를 받았습니다. 다른 모든 사도는 이미 세상을 떠난 뒤였습니다. 요한계시록이 바로 그렇게 쓰여졌습니다. 사도들의 다른 어떤 책보다 더 직접적으로 "예수 그리스도의 계시라"고 밝히는 책이기도 합니다. 계 1:1 우리가 보다시피, 그리스도께서 친히 요한에게 나타나 "곧 살아 있는 자라. 내가 전에 죽었었노라. 볼지어다. 이제 세세토록 살아 있어"라고 하십니다. 계 1:18 이제 우리는 계시된 성경 마지막 책에 기록된 그리스도의 마지막 말씀을 살펴보도록 합시다. 승천 이후 마지막으로 하신 말씀이자, 심판 날 그분의 음성을 다시 듣기까지 그분이 하신 말씀으로는 마지막입니다. 다음 말씀이 바로 그 말씀입니다. "나 예수는 교회들을 위하여 내 사자를 보내어 이것들을 너희에게 증언하게 하였노라. 나는 다윗의 뿌리요 자손이니 곧 광명한 새벽 별이라 하시더라. 성령과 신부가 말씀하시기를 오라 하시는도다. 듣는 자도 오라 할 것이요. 목마른 자도 올 것이요. 또 원하는 자는 값없이 생명수를 받으라 하시더라."요 22:16-17-옮긴이 우리가 주목할 말씀은 후반부입니다. 이 말씀의 내용은 다음과 같습니다. 그리스도는 이미 하늘로 가셨습니다. 하지만 그렇게 하늘로 가시기 전 다시 와서 우리 모두를 그곳으로 데려가신다고 약속하셨습니다. 하늘에 계신 그리스도와 이 땅에 있는 그분을 믿는 죄인들의 마음과 열망이 서로 어떻게 공명하고 응답하는지 주목해 보십시오. 선지자가 말하는 것처럼 땅이 하늘을 향해 부르고 하늘은 땅을 향해 외칩니다. 이 땅의 신부가 그리스도를 향해 '오소서'라고 외치고, 이 땅에 있는 성도들의 마음에 거하는 성령 또한 그리스도를 향해 '오소서'라고 합니다. 그러면 이런 갈망에 부응하여 그리스도께서 하늘로부터 '오라'고 화답합니다. 그렇게 하늘과 땅이 서로를 향해 부릅니다. '듣는 자도 오라 할 것이요. 목마른 자도 올 것이요. 또 원하는 자는 값없이 생명수를 받으라.' 그리스도께서 이 땅의 사람들에게 하시는 말씀입니다. 이 땅에서 사람들은 그리스도를 향해 속히 이 땅으로 와 심판하실 것을 청하고, 그리스도께서는 하늘에 있는 자기에게 와서 긍휼을 받으라고 죄인들을 부릅니다. 그리스도를 향한 사람들의 바람이 아무리 크다 할지라도 사람들을 향한 그리스도의 바람에는 비할 바가 안 됩니다. 그렇다면 그리스도를 향한 사람들의 부름에 자기에게 와서 긍휼을 입으라고 하신 응답은 무엇을 뜻합니까? 우리가 듣는 그대로입니다. 물론 내가 너희에게 갈 것이다. 하지만 내가 택한 이 땅에 있는 너희 모두를 먼저 내게로 모아야 한다. 먼저 내게로 오라. 그러면 내가 너희에게로 갈 것이다. 하지만 아버지께서 내게 주셔서 오도록 한 모든 자들이 내게로 오기까지 나는 여기 하늘에 있어야 한다. 하지만 그때가 되면 틀림없이 그리고 지체 없이 너희에게 갈 것이다. 이를 통해 우리는 하늘에 계신 그리스도의 마음이 얼마나 이 땅의 자기 사람들을 향해 있는지 알 수 있습니다. 20절에 덧붙여진 그리스도께서 하신 말씀을 통해 그의 이런 열망이 얼마나 큰지 알 수 있습니다. "이것들을 증언하신 이가 이르시되 내가 진실로 속히 오리라 하시거늘." 그리스도께서 하신 이 말씀이 어떻게 본문에 자리하고 있는지를 보면 그렇게 말씀하시는 그리스도의 마음을 더욱 확연히 알 수 있습니다. 요한계시록은 그리스도가 다시 오시기까지 복음 시대를 위한 예언으로 주어졌습니다. 이 예언을 기록하면서 사도 요한은 신부의 마음에 자리한 그리스도의 다시 오심을 향한 열망을 언급합니다. "신부가 말씀하시기를 오라 하시는도다."계 22:17-옮긴이 신부의 이 말이 끝나기가 무섭게 그리스도가 신부에게 같은 말로 '오라'고 화답합니다. 그렇습니다. 좀 더 자세히 살펴보면 요한계시록 21:6에서 이미 같은 말씀을 하신 것을 알 수 있습니다. 그럼에도 불구하고 여기서 다시 반복하십니다. 자기 사람들을 향한 이 부르심으로 이 계시에 나타난 자신의 마지막 말씀을 삼으셨습니다. 이 모든 사실은 죄인들을 자기에게 부르시는 그리스도의 마음이 복음의 이 부분에서 얼마나 크게 자리하는지를 보여줍니다. 그리고 이제 마지막 계시의 마지막 한 문장을 남겨 두셨을 때, 심판 날 그분의 음성을 다시 듣기 전까지 우리가 듣는 그분의 마지막 말씀으로 특별히 이 말씀을 택하셨습니다. 그러므로 그리스도에게 나아갈 때, 그리고 숨을 거두면서 기억할 마지막 생각으로 삼도록 이 말씀을 항상 잘 간직하십시오. 물론 이 말씀을 하신 뒤에도 다른 말씀이 이어지는 것이 사실입니다. 하지만 이어지는 말씀들은 하나같이 이 말씀과 성령의 다른 부분을 인치기 위한 것들일 뿐입니다. 그러므로 이 말씀이 가장 주된 부분입니다. 한 걸음 더 나아가 심판 날이 이르기까지 이 말씀을 마지막 말씀으로 삼으신 것을 보여주기 위해 그리스도께서는 "이것들 외에"계 22:18-옮긴이 더하거나 "이 두루마리의 예언의 말씀에서" 제하는 자들을 향한 저주를 덧붙입니다.계 22:18-옮긴이 그 뒤에 또 다른 말씀이 이어집니다. 하지만 이 또한 자신이 택한 자들이 다 자기에게 오면 지체 없이 다시 오실 것이라는 의지를 되풀이해서 보여주는 것일 뿐입니다. 20절이 그것을 말합니다. 이 모든 사실이 하늘에 계신 그리스도의 마음이고 다시 오실 때까지 그분은 항상 같은 마음으로 계실 것을 우리에게 확증합니다.

그리스도께서 의도적으로 마지막 말씀으로 남겨 주신 이 말씀을 항상 잊지 않고 기억하고 좀 더 숙고하기 위해 이 말씀과 관련된 또 다른 부분을 살펴보려고 합니다. 그리스도께서 이 땅에 계시면서 정확히 같은 말씀(내용상 그렇다는 말입니다)을 하신 적이 있습니다. 수일에 걸쳐 행하신 설교의 결론으로 하신 말씀입니다. "명절 끝 날 곧 큰 날에 예수께서 서서 외쳐 이르시되 누구든지 목마르거든 내게로 와서 마시라."요 7:37 '명절 끝 날'에 하신 말씀입니다. 그리고 이 말씀을 하신 후로는 한동안 제자들에게 설교를 하지 않으셨습니다. 명절 내내 습관을 따라 설교하시는 가운데 마침내 '명절 끝 날 곧 큰 날'이 이르렀고 가장 많은 군중이 그 앞에 운집했습니다. 우리가 보는 바와 같이 그리스도께서는 이때 행한 설교의 마지막 문장으로 이 말씀을 택하셨습니다. 이제 설교가 끝나면 각자의 곳으로 길을 떠날 사람들에게 집으로 돌아가는 여정 내내 다른 모든 것에 우선하여 먹고 마실 것(viaticum, **여비**)으로 이 말씀을 주신 것입니다. '누구든지 목마르거든 내게로 와서 마시라.' 이는 바로 그를 믿는 것을 가리킨다고 38절("나를 믿는 자는 성경에 이름과 같이 그 배에서 생수의 강이 흘러나오리라 하시니"—옮긴이)에서 직접 해석합니다. 37절은 이 말씀을 예수께서 서서 외치셨다고 합니다. 그렇습니다. 모든 사람들이 다른 모든 말보다 특별히 이 말씀에 주목하도록 입을 크게 열어 큰 소리로 외치셨습니다. 이번에도 마찬가지로 심판 날이 이르기 전에 하신 마지막 말씀과 마지막 말씀이 될 이 말씀을 자신의 천사를 보내 증거하십니다. 이 말씀을 통해 자기 사람들을 향한 그리스도의 마음을 확실하고 분명하게 보여주기 위함입니다. 이것이 바로 그때 그리스도께서 하신 마지막 말씀이었던 것처럼, 이 말씀은 또한 본 논의의 첫 부분을 마무리 하는 나의 마지막 말이기도 합니다. 이 말씀에 더 이상 무엇을 더 할 수 있단 말입니까?

# part 02

# 죄인을 향한 그리스도의 다정한 마음을 내적으로 논증함

"우리에게 있는 대제사장은 우리의 연약함을 동정하지 못하실 이가 아니요. 모든 일에 우리와 똑같이 시험을 받으신 이로되 죄는 없으시니라." 히 4:15

본문을 토대로 지금까지 우리가 살핀 교훈의 둘째 부분인 지금 하늘에 계신 그리스도께서 이 땅의 죄인들을 향한 은혜로운 마음을 보겠습니다.

그리스도의 이런 마음을 나타내는 외적 논증에 대해서는 제1부에서 이미 살펴보았습니다. 제2부의 내용을 이루게 될 보다 내적인 논증을 위한 토대로 이 본문을 선택했습니다. 그리스도의 마음을 가장 잘 말해 주고 죄인을 향한 이 마음이 어떠한지 그리고 그 역사를 어떤 다른 본문보다 잘 보여주는 말씀이기 때문입니다. 말하자면 우리는 손을 들어 그리스도의 가슴에 대고서, 비록 지금 영광 중에 계시는 가운데서도 우리를 향한 그분의 심장 박동과 그분의 간절하심을 느끼도록 합시다. 지금 하늘에 계심에도 불구하고 자신들을 향한 그리스도의 마음을 성도들은 생각하지 못해 낙심하게 됩니다. 이 말씀의 참된 시각은 성도들을 확실히 격려하여 그들을 낙심하게 하는 모든 것을 대적하게 합니다.

그러므로 우리의 목적에 아주 적합한 이 말씀을 지금부터 하나하나 살펴보겠습니다.

1. 본문은 어떤 식으로든 우리를 낙심하게 하는 모든 것을 연약함으로 지칭합니다. 그러므로 이 말은 다음 두 가지를 의미한다고 해야 할 것입니다.

첫째, 외부로부터 오는 모든 종류의 **고통**과 핍박. 둘째, 우리를 가장 낙심하게 하는 우리 내부로부터 오는 **죄악**.

이 두 가지가 의미하는 바는 다음과 같습니다.

(1) 본문에서 '연약함'은 고통과 괴로움을 뜻하는 것이 분명합니다. 고린도후서 11:30과 12:5에서 보는 바와 같이 '연약함'이라는 말은 성경에서 종종 사용되지만, 본문의 문맥을 볼 때 이런 의미로 사용된 것이 분명합니다. 앞에서 언급된 "우리가 믿는 도리를 굳게 잡을지어다"라는 권고가 의미하는 바와 같이,히 4:14-옮긴이 히브리서 기자는 본문의 이 구절을 통해서도 신자들이 신앙고백에서 떨어지지 않고 강건하도록 격려하고 있습니다. 외부에서 오는 적대와 핍박으로 신자들이 믿음에서 떨어지지 않도록 히브

리서 기자는 그리스도를 모범 삼아 이런 연약함에 굴하지 말라고 신자들을 위로하고 격려합니다. '모든 일에 우리와 똑같이 시험을 받으신 이로되.'

(2) '연약함'은 또한 죄악을 의미하기도 합니다. 히브리서 기자가 그 의미로 이 말을 사용하고 있고 이 죄악으로 인해 우리의 대제사장이 우리를 불쌍히 여기십니다. 우리의 대제사장의 모형인 율법 아래 있는 대제사장들의 자질을 히브리서 기자는 "무식하고 미혹된 자를 능히 용납할 수" 있어야 한다고 말합니다.[히 5:2] 이런 무지함과 하나님으로부터 떠나가는 것은 죄이기 때문입니다. 그리고 곧바로 "자기도 연약함에 휩싸여 있음이라"고 히브리서 기자는 덧붙입니다.[히 5:2] 이것은 죄악을 가리킵니다. 그리스도가 모든 일에 죄는 없으셨다고 하지만 그럼에도 불구하고 심지어 우리와 마찬가지로 온갖 죄에 이르게 하는 사탄의 시험을 받으신 것은 사실입니다. '연약함'이 주로 죄악을 가리키는 말로 사용되었다는 사실은 이런 연약함에 대한 묘약으로 은혜의 보좌로 나아가 은혜와 긍휼을 구하도록 격려하는 것을 보면 더욱 분명해 집니다. "그러므로 우리는 긍휼하심을 받고 때를 따라 돕는 은혜를 얻기 위하여 은혜의 보좌 앞에 담대히 나아갈 것이니라."[히 4:16-옮긴이] 죄의 권세에 맞설 은혜와 죄책과 죄의 형벌에 맞설 긍휼입니다. 죄의 권세와 죄책은 공히 은혜의 보좌로 담대히 나아가지 못하게 하는 가장 큰 걸림돌입니다. 따라서 신자들을 격려하고 위로하기 위해서 히브리서 기자는 반드시 이런 유의 연약함을 언급해야 했습니다.

2. 14절에서히브리서 4장-옮긴이 승천하신 그리스도를 말하는 히브리서 기자는 이 두 가지 연약함과 관련하여 신자들을 격려하기 위해 하늘에 계시는 그리스도께서 각자의 이런 연약함 아래서 살아가는 죄인들을 향해 어떤 애절한 마음을 가지고 계시고 또 그들을 얼마나 불쌍히 여기시는지 깨닫게 합니다. 14절이 신자들을 격려하려는 저자의 의도와 얼마나 잘 부합하는지를 볼 수 있다면, 그리스도께서 존귀하고 영광스러운 상태로 계시는 것을 말하는 14절로 인해 사람들이 마음에 일어날 수 있는 반감과 의구심을 미연에 막으려는 히브리서 기자의 분명한 의도 또한 알 수 있을 것입니다. "우리에게 큰 대제사장이 계시니 승천하신 이 곧 하나님의 아들 예수시라." 그리스도께서 하늘의 자기 영광으로 들어가셨다는 말에 당장 우리 마음에 어떤 생각이 떠오를지를 히브리서 기자는 알았습니다. 우리의 연약함을 돌아보는 대제사장의 일을 하기에 그리스도는 지금 너무나 존귀한 상태로 계시고, 또 그런 영광 가운데 계시면서 우리를 기억하기란 쉽지 않을 뿐 아니라 설령 우리를 기억하고 우리가 얼마나 비참한 상황에 처해 있는지 안다고 해도 이 땅에 계실 때 입으셨던 육체의 연약함을 벗어 버리고 '승천하신' 지금은 우리 중에 계실 때처럼 우리를 보고 불쌍히 여기고 다정하게 우리를 돌아볼 정도로 마음에 감동과 영향을 받지 못할 것이라는 생각을 알았습니다. 마음이 그렇게 영향을 받고 애착이 생겨야 기꺼이 우리를 중심으로 도울 수 있지만 지금 그리스도의 지위와 상태는 그런 모든 영향을 초월해 있다는 것입니다. 우리와 같은 육체의 연약함을 가

지고 있어야 계속해서 우리의 처지를 알고 불쌍히 여길 수 있겠지만 승천하신 그리스도는 그런 모든 연약함을 벗어 버렸다는 것입니다. 지금 하늘에서 그리스도가 가지신 권세와 영광은 심지어 천사들조차 범접하지 못할 만큼 너무나 뛰어나다는 것입니다. "모든 통치와 권세와 능력과 주권과 이 세상뿐 아니라 오는 세상에 일컫는 모든 이름 위에 뛰어나게 하시고."엡 1:21-옮긴이

히브리서 기자는 사람들의 마음에서 걸림돌로 작용할 수 있는 이런 반론을 미연에 제거합니다. '우리에게 있는 대제사장은 우리의 연약함을 동정하지 못하실 이가 아니요.' **이중부정은** 다시 긍정이 될 뿐 아니라 **강한 긍정을 말합니다**(Duplex negatio œquipollet affirmationi). 반대되는 생각을 정면으로 부정하는 긍정입니다. 히브리서 기자는 지금 그리스도가 계시는 하늘은 육신적 감정의 영향을 전혀 받지 않을 뿐 아니라 오히려 인성이 영화롭게 되는 가운데 육신조차 천국과 같이 되는 곳이고, 이로써 이 땅에 일어난 일로부터는 어떤 영향도 받지 않을 만큼 그리스도의 상태가 이 땅에 계실 때와는 전혀 다르다 할지라도 그분의 마음에는 이 땅에 계실 때와 똑같이 여전히 섬세하고 자애롭기 이를 데 없는 한 부분이 남아 있는데, 심지어 우리가 고난당할 때 우리와 함께 그 고난을 느낀다고 말하는 것입니다. 이 말을 하면서 히브리서 기자는 '숨파데사이'(συμπαθησαι, 동정하다)라고 하는 통렬한 의미를 가진 단어를 사용합니다. 항상 그러셨던 것처럼 당신을 향한 자애로운 마음으로 **당신과 함께 고통받는** 그리스도는 지금도 여전히 육신을 입고 벌거벗긴 채 당신의

비참함으로 상함을 입으시는 것처럼 당신이 있는 자리에서 기꺼이 고난을 당하심으로 당신의 자비로운 대제사장이 되십니다.

반면에 이는 단지 그리스도의 연약한 모습에 불과하다고 반대할지도 모르겠습니다. 그러나 '뒤나메논'(δυναμενον, 권능)이 뜻하는 바와 같이, 이것이 바로 그리스도의 **힘과 능력**이요, 그 안에 있는 사랑의 강력과 완전이라고 사도는 확증합니다. 이 능력으로 인해 그리스도는 영화롭게 되셨음에도 불구하고 여전히 우리의 비참함을 능히 통감하고 우리와 함께 고통받는 것처럼 영향을 받고, 스스로를 자유롭게 하신 것처럼 이런 비참함에서 우리를 건지십니다.

이 본문에서 주목하여 다루고자 하는 것은 두 가지입니다.

**첫째**, 보다 일반적으로, 지금 하늘에 계시는 그리스도의 마음은 이 땅에 계셨을 때와 마찬가지로 죄인들을 향한 자애로움과 연민으로 가득합니다.

**둘째**, 이 사실을 좀 더 구체적으로 말하면 다음과 같습니다.

1. 앞의 단어가 뜻하는 바와 같이, 우리의 비참함을 통감하시고 그런 우리를 불쌍히 여깁니다. 2. 어떻게 우리에 대해 이렇게 느끼십니까? 모든 일에 우리와 같이 시험을 받으셨기 때문입니다. 첫째 항목을 다루면서 지금도 변함없이 그대로인 그리스도의 마음에 대한 내적 증거들을 보이겠습니다. 둘째 항목을 다루면서 본문을 더 열어 보이겠습니다. 이 말씀에 뿌리박고 자연스럽게 이 말씀으로부터 비롯된 이 땅에 계실 때 항상 그랬던 것과 마찬가지로 지금 하늘에 계신 예수 그리스도의 마음은 자애롭

게 죄인들을 향하신다는 교훈에 대한 내적 증거들을 먼저 보겠습니다.

## Ⅰ. 하늘에 계신 그리스도는 인간 본성을 지니셨고, 그 인성의 마음에 삼위 하나님께서 영원한 영향력을 끼치셨다. 이 영향력에서 도출된 첫 번째 내적 논증

첫 번째 논증은 삼위 하나님께서 하늘에 계신 그리스도의 마음이 우리를 향하게 하는 몇몇 영향력을 근거로 진행됩니다.

1. 그리스도의 사역을 진전시키신 성부 하나님으로부터 시작합니다. 이 논증은 두 부분으로 나누어집니다. (1) 항상 죄인을 사랑하라는 영원한 명령을 성부 하나님께서 그리스도에게 말씀하셨다. (2) 그래서 그리스도의 마음은 영원히 동일하게 지속된다.

(1) 성부 하나님께서는 죄인을 사랑하라는 특별한 명령을 예수 그리스도에게 주심과 동시에 그 마음에 죄인들을 향한 자비롭고 은혜로운 성향을 심으셨습니다. 예수께서 친히 요한복음 6:37에서 "내게 오는 자는 내가 결코 내쫓지 아니하리라"고 말씀하시면서 자기에게 있는 이런 마음의 소원을 성부에게 돌립니다. "내가 하늘에서 내려온 것은 내 뜻을 행하려 함이 아니요, 나를 보내신 이의 뜻을 행하려 함이니라."요 6:38 그리고 이런 아버지의 뜻은 이 땅에 계실 때와 마찬가지로 하늘에 계신 지금도 그리스도의 마음에서 동일하게 이어집니다. "나를 보내신 이의 뜻은 내게 주신 자 중에 내가 하나도 잃어버리지 아니하고 마지

막 날에 다시 살리는 이것이니라. 내 아버지의 뜻은 아들을 보고 믿는 자마다 영생을 얻는 이것이니 마지막 날에 내가 이를 다시 살리리라 하시리라."요 6:39-40 이 말씀을 요한복음 10:15-18 말씀(자기 양들을 돌보고 사랑하시는 것을 말씀하신 뒤 자기 양들을 '알고' 그들을 위해 자기 '목숨을 버리고' 그들을 '우리에 들이는' 일이 바로 자기 '아버지에게서 받은 계명'이라고 하시는 말씀)과 비교해 보십시오. 요한복음 6장 말씀 역시 이것이 그리스도를 보내신 성부의 뜻이라고 합니다. 선한 아들은 자기 아버지의 의중과 뜻을 아는 것만으로도 아버지께 순종할 충분한 이유로 여깁니다. 하물며 자기 아버지가 하신 분명한 명령(계명)에 대해서는 어떻겠습니까? 요한복음 10장에서 그리스도는 죄인들에 대하여 그렇게 하는 것이 바로 성부로부터 받은 명령이라고 합니다. 뜻을 분명히 요구하는 것이 명령입니다. 그래서 그 뜻이 행해지지 않는 곳에는 거역이 자리합니다. 하나님께서 우리와 관련해 그리스도에게 주신 것이 바로 앞에서 본 명령입니다. 그리스도에게 주신 하나님의 명령과 뜻과 관련해 세 가지를 생각할 수 있습니다.

**첫째** 명령은 자기 양들을 위해 그리스도가 죽어야 한다는 것입니다. 하나님의 명령을 따라 이 땅에 계시는 동안 그리스도는 계속해서 그렇게 자기 사람들을 사랑하셨고 심지어 그들을 위해 목숨까지 버리셨습니다. 요한복음 10:15이 그렇게 말합니다. 하지만 그 후, 다시 생명을 얻으사 하늘로 올리우셨습니다. 이제 다른 두 명령이 남았고, 지금 하늘에 계시는 그리스도께서는 남은 이 두 명령을 행하십니다. 즉, '누구나 자기에게 오는 자들을 받으라'는 **둘째** 명령과 '자신이 위하여 죽은 아버지께서 주신 자들을 하나도 잃지 않고 다시 살리라'는 **셋째** 명령입니다. 이 땅에 계시면서 **첫째** 명령을 죽기까지 행하신 것처럼, 하늘에 계신 지금은 남은 이 두 명령을 그대로 행하십니다. '이 계명은 내 아버지에게서 받았노라. 이것이 그의 뜻이니라.'

하나님께서 명령을 하실 때마다 볼 수 있는 것처럼 이 명령과 더불어 그리스도의 마음에 죄인을 향한 초월적인 사랑을 불어넣어 이 명령을 강력하게 행하게 하셨기 때문에 더 이상 사랑을 명령하실 필요가 없습니다. 하나님이 부모에게 심어 놓은 자기 자녀를 향한 특별한 사랑 때문에 다른 집 자녀들이 아무리 아름답고 재기가 넘쳐도 그들보다 자기 자녀를 유독 사랑하는 것처럼, 하나님께서는 '스톨게'(στοργη, 부모와 자식 간의 사랑—옮긴이)와 같은 **특별한 사랑**을 그리스도의 안에 심으셨습니다. 시편 40:8은 이 계명과 자기 사람들을 향한 이 사랑을 동시에 표현합니다. 왜 그리스도가 우리의 중보자가 되셨고 자신을 제물로 드리셨는지를 말하면서 시편 기자는 "내가 주의 뜻 행하기를 즐기오니"라고 할 뿐 아니라 "주의 법이 나의 심중에 있나이다"라고 합니다. 이 말씀에서 다음 두 가지가 모두 언급됩니다.

[1] 내가 계명이라고 한 것을 여기서는 법이라고 합니다.

[2] 그리스도의 마음에 합당한 성향으로 기록된 법입니다. '주의 법이 나의 심중에 있나이다.'

이 법의 주체가 그의 사랑스런 마음이라는 것을 보면 그것이 어떤 법이었는지 쉽게 가늠할 수 있을 것입니다. 이 말은 지금도 여전히 가장 사랑스러운 감정(골 3:12, “긍휼과 자비와……”)을 표현할 때 사용됩니다. 이는 바로 하나님께서 중보자가 되실 그리스도에게 맡기신 불쌍한 죄인들을 향한 사랑, 자비, 긍휼의 법을 말합니다. ‘첫째 아담’에게 도덕법 말고도 그것을 뛰어넘는 하나님이 **허락하지 않은**(non concedendi) 과일을 먹지 말라는 법이 주어졌던 것처럼, 이 법은 ‘둘째 아담’이신 그리스도에게 주어진 특별한 법이었습니다. 중보자요, 희생 제물되신 그의 법이었습니다. 시 40:7-8을 보면 도덕법 외에, 그리고 그것을 능가하는 한결같이 우리를 향해 가지신 이 법에 대해 분명히 말씀합니다. 원문을 보면 ‘나의 창자 한 가운데’라고 되어 있습니다. 중심에 깊이 새겨졌다는 말입니다. 마음의 가장 내밀하고 깊숙한 곳에 자리한다는 말입니다.

그렇습니다. 아담이 십계명이 말하는 열 개의 모든 계명과 더불어 이 계명에 순종하는지 여부에 대한 상징, 표지, 혹은 시험으로서 신학자들이 **상징적 명령**(præceptum symbolicum)이라고 부르는 선악과를 금하는 특별한 법을 받은 것처럼, 둘째 아담인 그리스도 역시 모든 계명을 따라 하나님께 순종하는지 여부를 판가름할 법을 받았습니다. 마치 우리를 사랑하는 것이 분명히 드러나야만 그리스도께서 하나님의 사랑을 받을 수 있는 것처럼 하나님께서는 엄중하게 이 법을 그리스도에게 맡겼습니다. 앞에서 인용한 것처럼 그리스도께서 자신이 보인 순종과 그로 인한 아버지의 사랑에 스스로 위로를 얻는 요한복음 10:17-18은 바로 이런 맥락에서 하신 말씀입니다. “이로 말미암아 아버지께서 나를 사랑하시느니라." 이전에 언급한 자기에게 주어진 명령을 성취한 것과 관련된 말씀으로, 마치 그리스도께서 우리에게 보여준 사랑 때문에 하나님이 그리스도를 더욱 사랑해야 할 것처럼 하나님께서 우리를 사랑하는 그리스도의 모습에 기뻐하셨다는 말입니다. 마치 하나님께서 요한복음 10:18이 말하는 계명을 그리스도에게 주시면서 아들아 계속해서 내가 너를 사랑하기를 바란다면 내게 너에게 준 '내가 너를 사랑한 것 같이 사랑하는' 저들을 사랑으로 대함으로 네가 나를 사랑하는 것을 보여 달라고 하시는 것 같습니다.요 17:23 우리가 하나님의 자녀를 사랑함으로 하나님을 향한 사랑을 나타내기를 바라시는 것처럼, 그리스도에게도 우리를 사랑함으로 하나님을 향한 그리스도의 사랑을 나타내도록 하십니다.

(2) 그리스도께서는 이 땅에 계시는 동안 자기 마음에 있는 것으로 말씀하셨고, 자기 아버지의 명령을 받들어 죄인을 위해 죽으셨고, 하늘에 계신 지금도 이 땅에 계셨을 때와 심지어 십자가에 달리셨을 때와 마찬가지로 여전히 그들을 민첩하고도 부드럽게 사랑하십니다. 성부께서 그의 중심에 기록하신 법은 그의 마음에 기록된 하나님의 다른 도덕법과 마찬가지로 그의 본성이 된 지워질 수 없는 영속적인 법입니다. 사도가 말한 바와 같이 하늘에 가면 믿음과 소망이 사라지고 우리 안에 사랑만 계속되는 것처럼, 십자가에서 죄인들을 불쌍히 여기고 또한 지금도 죄인들을 불쌍히 여기고 영접하고 그들을 위해 중보하시는 그리스도의 마음에 있는 사랑 역시 전혀 폐하지 않고 동일하게 지

속될 것입니다. 또한 앞에서 말한 바와 같이 성부와 성자 간의 사랑을 위해서는 그리스도가 반드시 죄인들을 사랑해야 한다고 할 만큼 죄인들을 향한 이 사랑이 그에게 강력하게 요구됩니다. 그와 그의 아버지 사이에 있는 모든 위대한 사랑에 비견될 정도로 그분 안에는 죄인들을 향해 강력하게 타오르는 사랑이 있습니다. 그 사랑은 언제나 동일하며 절대 쇠하지 않는 사랑입니다. 그리스도께서 자기를 사랑할 것을 말씀하시는 근거로 삼으신 원칙을 통해서도 그렇게 주장할 수 있습니다. "내가 아버지의 계명을 지켜 그의 사랑 안에 거하는 것 같이 너희도 내 계명을 지키면 내 사랑 안에 거하리라."요 15:10 여기서 그리스도는 제자들에게 자신의 '계명을 지키라'고 말씀하시며, 자신의 경우를 예로 들어 '내 계명을 지키면 내 사랑 안에 거하리라'고 설득합니다. 그러므로 그리스도께서는 자기에게 나아오는 죄인들을 사랑하고 그들을 위해 죽고, 또한 계속해서 그들을 사랑함으로 영접하고, 마지막 날에 그들을 일으키라고 하나님께서 주신 이 위대한 명령을 지속적으로 성부의 사랑 안에 거하도록 하는 성부와의 위대한 연결 고리 가운데 하나로 알고 지금도 그대로 준행합니다. 따라서 계속해서 자기 아버지의 사랑 안에 머물고 성부의 계명을 준행하는 한 하늘 보좌 우편에 계시는 지금도 그리스도는 하나님의 지극한 사랑 가운데 계신다고 확신해도 됩니다. 성부에 대한 사랑과 자신에 대한 사랑으로 그리스도께서는 이렇게 계속해서 우리를 여전히 사랑하십니다. 그러므로 우리는 그리스도께서 지금 이 계명을 준행하시고 또 영원히 그렇게 하실 것을 확신할 수 있습니다. 이 얼마나 위로가 되는 사실입니까! 그렇다면 남편과 아내가 누리는 사랑의 고리와 약속이 자녀인 것처럼 바로 우리가 성부와 성자가 누리는 사랑의 고리와 약속이 아닙니까! 그러므로 이 논증은 바로 삼위 중에 첫 번째 위격이신 성부 하나님의 영향력으로부터 도출된 것입니다.

2. 죄인들을 위한 그리스도의 사랑은 우리와 결혼하라는 성부의 성화에 못 이겨 마지못해 하는 강제된 것이 아닙니다. 이 사랑은 바로 그리스도의 본성과 성향입니다. 이것이 우리가 살펴볼 성자 하나님으로부터 비롯되는 두 번째 논증의 요지입니다. 죄인을 사랑하는 성향은 성자에게 있는 자유롭고도 본성적인 것입니다. 성자는 본성적으로 심판이 아니라 자비를 베푸는 분이신 자신의 하늘 아버지와 같아서는 안 됩니다. 심판은 하나님의 본성에서 비롯되는 것이 아닙니다. 하나님은 심판보다 긍휼 베푸는 것을 기뻐하십니다. 하나님은 '자비의 아버지'이므로, 본성적으로 자비를 베푸십니다. 그리고 그리스도는 이런 하나님의 독생자입니다(ἰδίος υἱος).양자된 아들과는 다른 본성적인 하나님의 아들입니다. 그렇습니다. 따라서 두 번째 위격과 연합된 성자의 인성은 이를 통해 우리처럼 양자된 아들이 아닌 하나님의 본성적인 아들이십니다. 성자가 성부로부터 난 아들이라면 성부의 고유한 속성 역시 성자에게는 본성적인 것이고 하나님께 양자된 우리가 누리는 것과는 차원이 다릅니다. "너희는 하나님이 택하사 거룩하고 사랑 받는 자처럼 긍휼과 자비와 겸손과 온유와 오래 참음을 옷 입고" 하신 말씀도 있지만,골 3:12 하나님의 독

생자인 그리스도에게서 이런 성품이 훨씬 더 풍성하게 발견되는 것은 당연합니다. 또한 성자는 이런 본성을 우리처럼 옷 입을 필요도 없습니다. 그분에게 이런 성품은 자연스런 본성이기 때문입니다. 사도 요한이 말한 것처럼 '하나님은 사랑'이시고 그리스도는 육체로, 바로 우리의 육체로 옷 입으신 사랑입니다. 더구나, 하나님께서 모든 사람의 마음을 지으시고, 또 어떤 사람은 다른 사람보다 본성적으로 긍휼과 연민의 마음이 크게 하셨습니다. 또한 사람의 본성적 성품을 거룩하게 하러 그들에게 오신 성령께서는 각자의 기질과 성품에 따라 일하십니다. 성령께서 이 땅에 계시는 그리스도의 마음을 부드럽게 하신 것이 분명합니다. 심지어 모든 사람의 마음에 있는 부드러움을 다 더한 것보다 훨씬 더 부드럽게 하셨습니다. 인성을 입으셔야 했을 때 그리스도는 "나를 위하여 한 몸을 예비하셨도다"라고 했습니다.[히 10:5] 다시 말해, 하나님께서 일하시고 자신의 완전함을 가장 탁월하게 나타내 보이도록 인성의 다른 부분과 마찬가지로 성품도 합당하게 예비하셨다는 말입니다. 히브리서 2:14의 말씀처럼 긍휼이 넘치는 대제사장이 되기 위해 인성을 입으셨던 것과 마찬가지로, 모든 사람이나 천사들보다 긍휼에 넘치는 특별한 성품을 가진 인성을 취하신 것입니다. 그리스도의 인성은 "손으로 짓지 아니한" 것입니다.[히 9:11-옮긴이] 다시 말해, 다른 사람의 마음을 지은 것처럼 그렇게 만들어지지 않았다는 말입니다. 인성으로는 본질적으로 여느 인성과 동일하지만 그 영혼의 구조와 됨됨이는 그렇지 않습니다. 하나님이 나타내시는 모든 긍휼, 다시 말해 하나님께서 자신이 택한 자들에게 보이시려고 예비한 모든 긍휼을 다 담아 다시 우리에게 나누어 줄 수 있을 만큼 광대하고 넉넉한 긍휼의 그릇, 혹은 샘으로 마련된 마음이었습니다. 그렇기 때문에 그리스도의 마음에는 본질상 모든 사람과 천사가 가진 것보다 훨씬 큰 긍휼과 연민이 있었고, 이제 이런 마음에서 일어난 우리를 위해 예비된 위대한 하나님의 긍휼이 우리에게까지 미칠 참이었습니다. 육체를 입으신 예수님이 이렇게 조성된 마음을 가진 하나님과 연합한, 하나님으로부터 난 독생자라면 자비와 긍휼을 베푸는 것이 그에게 얼마나 자연스런 일이겠습니까! 그러므로 하늘에 계신 지금도 그 안에는 풍성한 긍휼과 자비가 계속되는 것이 분명합니다! 죽음에서 다시 살아나셨을 때 우리와 같은 본성의 모든 연약함은 다 벗으셨지만 이 땅에 계시면서 보이셨던 은혜는 그렇지 않으니, 지금도 그때와 전혀 다르지 않습니다. 우리가 알다시피 본성은 변하지 않기 때문에 성자로서의 본성 역시 이 땅에 계실 때와 마찬가지로 그대로 유지됩니다. 성부께서 자기에게 주신 명령에 대해 증거하면서, 죄인들도 자신을 바로 생각하도록 그렇게 말씀하신 것을 봅니다. 자신이 어떤 분인지 밝히시는 부분 역시 이런 맥락입니다. "수고하고 무거운 짐진 자들아 다 내게로 오라. 내가 너희를 쉬게 하리라."마 11:28 우리는 그리스도에 대한 잘못된 이해와 확신을 갖기 쉽습니다. 사람들이 그리스도에 대한 굳은 마음을 갖지 않고 자기에게 더욱 끌리도록 그들이 어떤 성품을 가졌는지 밝힙니다. 그리스도는 너무나 거룩하기 때문에 우리 같은 죄인들을 용납하지 못하고 가혹하고 모질게 대할 것으로 생각하기 쉽습니다. 하지만 그렇지 않습니다. 오히려 "나는 마음이 온유하니"라고 합니다.마 11:29-옮긴이 온유함이 바로 그분의 본성이요, 성품이라는 것입니다. 그리스도의 모형인 모세가 그랬습니다. 다른 일들에서와 마찬가지로, 온유함이 지면의 모든 사람보다 더했습니다.민 12:3-옮긴이 미리암과 아론에게 보복하지 않았을 뿐 아니라, 오히려 그들을 위해 중보했습니다. 마찬가지로 그리스도 역시 용서는 내 본성이니 나를 모욕하고 함부로 대한다고 내가 앙심을 품고 너를 철천지원수로 여겨서는 안 된다고 하십니다. '나는 마음이 온유하니.' 그리스도가 온유한 것은 맞습니다. 하지만 우리는 다음과 같이 생각할지도 모릅니다. 즉, 하나님의 아들이요, 하늘의 후사일 뿐 아니라, 특별히 영광으로 충만하고 하늘 보좌 우편에 좌정하신 지금은 아마도 이 땅을 살아가는 우리의 비천함을 멸시하고 계실 것이며, 이 멸시가 분노에서 비롯된 것은 아니어도, 지극히 높은 곳에 계시는 지금은 인간적이어도 너무나 인간적인 우리를 친밀하게 여기고 즐거워하실 것을 기대하기에는 그 간극이 너무도 크다. 우리같이 비천하고 가난한 자들을 생각하기에는 그분의 생각이 너무도 고상하다. 우리가 진실로 그분을 온유하고, 자신이 해를 당한 것 때문에 편견을 갖지 않는 분으로 여긴다 해도, 우리같이 비천한 피조물이 처한 상황을 주목하거나 소중하게 여기기에는 그분이 지금 계신 상태가 너무나 고상하고 존귀하다고 생각할지 모르겠습니다. 하지만 그렇지 않습니다. 그리스도께서는 친히 '나는……겸손하니'라고 하실 뿐 아니라 가장 비천하고 미미한 자들을 사랑하고 은혜를 베풀겠다고 하십니다. 더욱이 그리스도의 이 말씀은 이런 성품을 가진 것처럼 흉내 내거나, 지체 높은 많은 사람들이 그렇듯 인자하고 친절한 체하는 것을 말하지 않습니다. **마음에**(ἐν τη χαρδία) 있는 것을 뜻합니다. 은혜롭고 긍휼을 베푸는 것은 그리스도의 성품과 본성을 말하는 것으로 그리스도는 결코 이런 본성을 내려놓으신 적도 없고, 또 그러실 수도 없습니다. 하늘에서 위대한 자기 영광을 누리게 되었다고 해서 그리스도 안에 있는 이런 성품이 달라지는 것은 아닙니다. 오히려 하늘에서 장차 누리게 될 모든 영광을 고려하고 이런 말씀을 하신 것입니다. 그래서 아버지로부터 받은 영광과 온유함을 이어 말씀합니다. 마태복음 11:27에서 "내 아버지께서 모든 것을 내게 주셨으니"라고 하신 후 바로 "수고하고 무거운 짐 진 자들아 다 내게로 오라.……나는 마음이 온유하고 겸손하니"라고 합니다.마 11:28-29 온화하고 다정한 친구나 혹은 자신의 구원 문제나 영혼을 기꺼이 맡길 수 있을 탁월하게 거룩하거나 온유한 성도들을 떠올리면 얼마나 마음이 사랑스럽고 즐거운지 모릅니다. 온유함이 지면의 모든 사람보다 더한 사람이었던 모세와 함께라면 그에게 용서를 말할 용기가 나지 않겠습니까? 자신을 팔아넘긴 형제들마저도 뜨겁게 사랑한 요셉이라면 어떻겠습니까? "우리가 이같이 너희를 사모하여 하나님의 복음뿐 아니라 우리의 목숨까지도 너희에게 주기를 기뻐함은 너희가 우리의 사랑하는 자 됨이라"살전 2:8 할 정도로 사람의 영혼을 진실히 생각하고빌 2:20 그들의 영혼을 잉태하여 자라게 하고 마침내 새 생명으로 태어나게 하는 헌신적이고도 섬세하고 애정 넘치는 마음을 가졌던 바울과 디모데와 함께 한다면 어떻겠습니까? 그렇다면 예수 그리스도 안에 본성에 맞는 사랑과 진실함에 대해서도 그만큼 무한한 것으로 알고 거기에 맞는 고려를 하는 것이 마땅하지 않겠습니까!

그래서 사도 바울은 그리스도의 마음을 자신이 가져야 할 마음의 모범으로 삼습니다. "내가 예수 그리스도의 심장으로 너희 무리를 얼마나 사모하는지 하나님이 내 증인이시니라."빌 1:8 주석가들은 '그리스도의 심장으로'를 두 가지로 해석하는데, 이 두 가지가 모두 내가 말하고자 하는 바를 잘 설명해 줍니다. **첫째**, 이 문장에서 '그리스도의 심장으로'는 인과적으로 사용됩니다. 마치 그 마음이 그리스도로부터 바울에게 주입되었고 바로 그 마음으로 빌립보 교회 성도들을 사모한다는 것을 보여주려는 것 같습니다. 그리스도의 마음이 주입되었다면 그전에 가졌던 마음과 더불어 이제는 바울에게 보다 큰마음이 있는 것이 아닙니까? 바울에게는 '그리스도의 심장으로'라고 할 만한 이유가 있었습니다. 바울은 한때 연민과 동정이라고는 거의 찾아볼 수 없는 자였습니다. 다시 말해, 그리스도 밖에 있었을 때 바울은 성난 사자처럼 얼마나 성도들을 잔해하고 핍박했는지 모릅니다. 심지어 할 수 있으면 그들의 심장까지 도려내려 했습니다! 하지만 지금 바울의 마음은 성도들을 향해 얼마나 부드럽고 사랑스럽습니까? 이토록 자애로운 마음을 누가 주었습니까? 예수 그리스도가 아닙니까! 광포한 사자를 어린양으로 만드신 것입니다. 그러므로 바울에게 이런 마음은 본성적인 것이 아닙니다. 오히려 그 반대입니다. 광포하고 잔해하는 마음이 그의 본성에 맞습니다. 그럼에도 불구하고 이제 바울의 마음은 그의 자연적인 본성에 반하는 사모함으로 가득합니다. 그렇다면 사랑이 자연적 본성인 그리스도에게는 이런 마음이 얼마나 더 풍성하겠습니까? **둘째,** '그리스도의 심장으로'라는 표현은 '그리스도의 심장과 같이,' 혹은 '그리스도의 심장처럼'의 의미로 서로 **닮은 것**(instar)을 뜻하는 유비입니다. 그러므로 예수 그리스도께서 너희를 향해 애끓는 심장을 가진 것처럼, 바울 자신의 마음 역시 그렇다는 것입니다. '심장'은 자식을 향해 어미가 품는 긍휼과 애정이 넘치는 자상한 마음을 가리킵니다. 그래서 누가복음 1:78은 "하나님의 긍휼을 인함이라"고 합니다. 바울은 지금 빌립보 교인들을 향해 자신이 얼마나 자애롭고 애정 어린 마음을 품고 있는지를 말하기 위해 예수 그리스도의 마음을 예로 들고 있습니다. "내가 그리스도를 본받는 자가 된 것 같이 너희는 나를 본받는 자가 되라"고 말하는 바울이 아닙니까![고전 11:1-옮긴이] 바울이 누구입니까? 사람들을 그리스도에게 해산하기를 그토록 사모하던 위대한 사도가 아닙니까! 사람들의 영혼을 그리스도에게로 얻기 위해서라면 자신을 잃는 것에는 전혀 괘념하지 않던 사람이 아닙니까! "나의 생명조차 조금도 귀한 것으로 여기지 아니하노라."[행 20:24-옮긴이] 당시 그리스도의 원수로 행하던 자기 동족들이 그리스도에게 돌이킬 수만 있다면 "내 자신이 저주를 받아 그리스도에게서 끊어질지라도" 그는 원하였습니다.[롬 9:3-옮긴이] 영혼이 그리스도에게 돌이킬 때 그가 얼마나 기뻐했는지 모릅니다! 반대로 영혼이 그리스도를 저버리고 떠나갈 때는 너무나 아파하고 슬퍼했습니다. 그들 속에 "그리스도의 형상을 이루기까지 다시 너희를 위하여 해산하는 수고를 하노니"라고 했습니다.갈 4:19-옮긴이 그는 갈라디아 교인들을 향한 자기 영혼의 고뇌와 수고를 이 외에 달리 표현할 길을 알지 못했습니다. 신자들의 믿음과 사랑이 자라고 신실하게 행하는 소식을 듣고 바울이 얼마나 즐거워했습니까!살전 3:6-7 그래서 바울은 다음과 같이 말합니다. "너희가 주 안에 굳게 선즉 우리가 이제는 살리라."살전 3:8 사도 바울이 쓴 서신서를 읽으면서 바울의 이런 마음이 드러난 부분들을 잘 살펴보십시오. 그러고 나서 참 사람으로 하늘에 계시는 그리스도를 바라보며 '하늘에 계신 그리스도가 우리를 향해 바로 이런 모습으로 계심'을 묵상하십시오. 초대교회 교인들을 향한 바울의 이런 애절한 마음도 하늘에 계신 그리스도의 사랑에는 전혀 비할 바가 안 됩니다. 신자들을 향한 사랑은 그리스도의 본성으로 그 안에서 무한하고 탁월하게 넘칩니다. 이것이 바로 하나님의 아들이신 그리스도에게 있는 본성의 성향에서 비롯되는 두 번째 논증입니다.

3. 세 번째 논증은 삼위일체 가운데 세 번째 위격이신 성령으로부터 도출됩니다. 그리스도께서 이 땅에 계실 때 그분 위에 임하고 그분 안에서 일하신 동일한 성령께서 지금도 그렇게 하늘에서 그리스도와 함께하신다면 신자들을 향한 그리스도의 마음 역시 전적으로 그대로 남아 있는 것이 틀림없습니다.

이 증거는 다음 두 가지 명제로 이루어집니다. (1) 그리스도 안에 거하심으로 성령께서는 그 마음이 은혜롭게 죄인들을 향하도록 하셨습니다. (2) 동일한 성령께서 하늘에서도 계속해서 그리스도 안에 거하시고 역사합니다.

(1) 그리스도를 잉태하도록 마리아에게 임해 삼위 가운데 두 번째 위격과 우리의 본성이 전혀 나눠지지 않는 하나가 되게 하셨을 뿐 아니라 그의 마음 역시 우리와 하나가 되게 하신 분이 성령입니다. 그리스도에게 한량없이 임하사 온유한 마음으로 중보의 역사를 이루기에 합당하게 하신 분도 성령이었습니다. 성령께서 그에게 특별히 더 임하신 것은 바로 이 온유함의 은혜를 위한 것이었습니다. 그래서 그리스도께서 요한에게 세례를 받으심과 함께 중보를 위한 공생애를 시작하실 때(이 세례를 통해 가시적이고 공개적으로 중보의 사역을 시작하신 것입니다) 성령께서 그 위에 임하셨던 것입니다. 어떻게 임하셨습니까? 비둘기와 같은 모양으로 임하셨습니다. 모든 복음서가 한결같이 이 사실을 그렇게 기록합니다. 그렇다면 왜 하필 비둘기의 모양으로 임하신 것입니까? 어느 때나 하나님의 가시적인 현현은 하나님이 누구신지를 보여주는 것이라기보다는 우리에게 어떻게 역사하실 것을 보여주고 우리 안에서 어떤 일을 이루실지를 선언하는 것입니다. 그렇기 때문에 여기서 성령이 비둘기 모양으로 그리스도 위에 임하신 것은 성령께서 그런 특별한 은혜로운 성품으로 예수 그리스도를 중보자로 합당하게 예비시키시는 것을 보여주기 위함입니다. 비둘기는 자기 짝에게 탐욕이나 사나움, 성냄이 없이 탐욕스럽지 않고 힘들 때 곁에서 함께 우는 것과 같이 사랑

과 우정만을 보여주는 가장 순결하고 온유한 피조물로 통합니다. 비둘기는 성령께서 그리스도 위에 임하심으로 그에게 어떤 마음과 성정을 만드셨는지를 극명하게 보여주는 합당한 상징이었습니다. 비둘기들이 서로를 불쌍히 여기고 슬퍼하면서 다정한 대화로 달콤한 시간을 누리는 것처럼 우리 역시 그리스도와 그런 관계를 누리도록 성령께서 한량없이 임하사 그의 마음을 채우신 것입니다. 그리스도는 과연 우리를 향한 연민으로 가득합니다. 물론 그리스도에게는 그전부터도 성령이 임했습니다. 그러나 이때 후로는 그 어느 때보다 탁월하고 한량없이 성령의 기름부음을 받으셔서 온유함으로 중보자의 직분을 능히 감당하도록 예비되었습니다. 그래서 누가는 이렇게 기록합니다. "예수께서 성령의 충만함을 입어 요단 강에서 돌아오사."눅 4:1 베드로 역시 사도행전 10:37-38에서 요한의 세례를 언급하면서 이 사실에 주목합니다. "곧 요한이 그 세례를 반포한 후에 갈릴리에서 시작하여 온 유대에 두루 전파된 그것을 너희도 알거니와 하나님이 나사렛 예수에게 성령과 능력을 기름붓듯 하셨으매 그가 두루 다니시며 선한 일을 행하시고." 이 땅에서 중보자의 직분을 감당하도록 성령이 그 위에 비둘기 같이 임했습니다. 그중에서도 특별히 그리스도의 온유함과 죄인들을 불쌍히 여기는 마음을 두드러지게 하는 부분입니다. 이런 사실은 그리스도께서 친히 이런 의도를 밝히는 다음 두 곳에서 분명히 드러납니다.

먼저, 성령으로 세례를 받은 직후 행하신(누가복음 4장에 동일하게 기록된) 첫 번째 설교입니다. 1절은 예수께서 요한에게 세례를 받은 후 "성령의 충만함을 입어" 시험을 받기 위해 광야로 이끌렸다고 합니다. 14절은 시험을 받은 후 "성령의 능력으로" 갈릴리로 돌아가신 것을 기록합니다. 그곳 회당에서 예수님은 친히 성령을 비둘기 같은 형체로 받은 신비를 설명합니다. 이를 위해 예수님은 나사렛 회당에서 의도적으로 이 사건을 예언한 이사야 본문을 택해 읽으셨습니다. "주의 성령이 내게 임하셨으니 이는 가난한 자에게 복음을 전하게 하시려고 내게 기름을 부으시고 나를 보내사 포로된 자에게 자유를, 눈 먼 자에게 다시 보게 함을 전파하며 눌린 자를 자유롭게 하고."눅 4:18 여기서 가난한 자는 죄 때문에 양심이 괴로운 영적으로 가난한 사람을 가리킵니다. 자신이 성령을 받은 주된 의미를 가리키는 것처럼, 자기에게 기름붓듯한 성령이 죄인들—죄인들이 외적으로 당하는 온갖 불행한 일들을 나열함으로 죄인의 비참함을 드러냅니다—을 향해 가지신 불쌍히 여기는 성향들을 열거한 부분까지 읽은 후 책을 덮었습니다. '주의 성령이 내게 임하셨으니 이는 가난한 자에게 복음을 전하게 하시려고 내게 기름을 부으시고.' 나는 바로 이 일을 위해 예정되고 세워졌기 **때문에** 하나님께서 자기 영을 나에게 주셔서 이 일을 감당하기에 합당한 이런 은사들과 성향들로 나를 기름부으시고 준비시키셨다는 말입니다.

예수님에게 있는 죄인들을 향한 이런 자애로운 성향들을 요한의 세례와 더불어 성령을 받은 목적과 열매로 설명하는 또 다른 곳은 이사야 42:1-3("내가 붙드는 나의 종, 내 마음에 기뻐하는 자 곧 내가 택한 사람을 보라. 내가 나의 영을 그에게 주었은즉 그가 이

방에 정의를 베풀리라. 그는 외치지 아니하며 목소리를 높이지 아니하며 그 소리를 거리에 들리게 하지 아니하며 상한 갈대를 꺾지 아니하며 꺼져가는 등불을 끄지 아니하고 진실로 정의를 시행할 것이며.")을 인용한 마태복음 12:18-19입니다. "보라. 내가 택한 종 곧 내 마음에 기뻐하는 바 내가 사랑하는 자로다. 내가 내 영을 그에게 줄 터이니 그가 심판을 이방에 알게 하리라. 그는 다투지도 아니하며 들레지도 아니하리니 아무도 길에서 그 소리를 듣지 못하리라." 심판이라는 끔찍한 말 때문에 두려운 생각이 들 수도 있지만 그럴 필요가 없습니다. 여기서 '심판'은 사람을 새롭게 하고 변화시키는 값없이 주시는 은혜와 복음의 교리를 뜻하기 때문입니다. 마찬가지로(이사야의 히브리어 구절에 따르면) "심판하여 이길 때까지 하리니"마 12:20라는 말씀의 '심판' 역시 사람의 마음에서 일어나는 은혜의 교리에 대응하는 하나님의 은혜의 역사를 뜻합니다. 이 교리(그 자체로 좋은 소식인)를 선포하면서 이사야 선지자는 어떻게 그가 이 좋은 소식에 합당하고 적합한 심령으로 그것을 전할지를 보여줍니다. 이사야 선지자는 당시에 흔히 볼 수 있었던 격언들을 통해 그가 심지어 모든 온유함과 평온함과 잠잠함과 겸손으로 충만할 것을 말합니다. '그는 다투지도 아니하며 들레지도 아니하리니 아무도 길에서 그 소리를 듣지 못하리라.' 흥분하거나 폭력을 통해서가 아니라 모든 잠잠함과 온유함으로 죄인들을 대하실 것이라는 말입니다. 회개를 촉구하는 엄중한 마음을 가진 세례 요한은 외치는 자의 소리였습니다. 그러나 그리스도는 '피리와 춤'과 더불어 오셨습니다. 그의 마음과 사역에는 모든 감미로움과 아름다움이 있었습니다. 공생애 내내 지극한 자애로움으로 마음이 상하고 낙심한 자들을 극진히 돌보셨습니다. '상한 갈대를 꺾지 아니'하는 분으로 얘기됩니다. 잎이 꺾인 갈대를 밟아 꺾일까봐 한발 한발 주의를 기울이는 것처럼 상하고 낙심한 자들에게 세심한 주의를 기울이고 섬세하게 그들을 살피신다는 말입니다. 이미 그렇게 상한 자들을 더 상하게 할까봐 부드럽게 사뿐히 그들 중에 다니셨다는 말입니다. 또한 그분은 '꺼져가는 등불을 끄지' 아니하는 분입니다. 그도 그럴 것이 연기를 내며 꺼져 가는 촛대의 심지는 조금만 성급히 움직여도 쉽게 꺼질 수밖에 없기 때문입니다. 이런 모든 표현들은 그리스도의 자애로운 마음을 나타냅니다. 이런 마음은 특별히 '이는 내 사랑하는 아들이요 내 기뻐하는 자라'[마 3:17-옮긴이]는 소리가 하늘로부터 있은 세례 요한의 세례와 더불어 성령을 받은 것과 관련이 있습니다. 하나님께서는 이사야 40장[42장-옮긴이]의 이 말씀과 함께 그리스도에게 성령을 주시고 충만하게 하셔서 죄인들을 향해 이토록 자애롭고 사랑스런 마음을 불러일으키신 것입니다.

(2) 요한의 세례 시 그리스도 위에 임하시고 그분이 이 땅에 계시는 동안 그의 마음으로 그토록 온유하게 역사하도록 하신 동일한 성령께서 하늘에서도 여전히 그렇게 거하시는 것이 분명합니다. 우리에게 성령을 주시고 보내시는 분으로부터 주의 영이 떠난다는 것은 어불성설입니다. 그리스도의 지체들에게 한번 임하신 성령이 그가 약속하신 대로 그들과 "영원토록 함께"

요 14:16 있다면 머리이신 그리스도와는 더더욱 함께 하십니다. 이런 그리스도께서 하늘로 올리우셨기 때문에 우리가 그로부터 성령을 받고 그 안에 거하는 성령으로 말미암아 그리스도는 계속해서 우리 안에 거하십니다. 그래서 이사야 11:2은 성령에 대해 "여호와를 경외하는 영이 강림하시리니"라고 합니다. 그래서 성경은 요한의 세례 시 성령이 그 위에 강림하는 말씀을 기록하면서 성령이 그 위에 '내려왔다'고만 하지 않고 내려와서 그의 위에 "머물렀더라"고 합니다.요 1:32 더욱이 이 사실을 보다 강조하기 위해 요한은 그것을 두 차례나 반복적으로 언급합니다. 32절뿐 아니라, 33절에서도 "나도 그를 알지 못하였으나 나를 보내어 물로 세례를 주라 하신 그이가 나에게 말씀하시되 성령이 내려서 누구 위에든지 머무는 것을 보거든 그가 곧 성령으로 세례를 베푸는 이인 줄 알라 하셨기에"라고 합니다. 한 걸음 더 나아가 성령이 '그의 위에 머무른' 것은 바로 세상 끝 날까지 그가 성령으로 우리에게 세례를 베푸시기 위함임을 넌지시 알립니다. '그가 곧 성령으로 세례를 베푸는 이인 줄 알라 하셨기에.' 처음에 비둘기 같이 그의 위에 임하신 성령은 그 이후 영원토록 비둘기 같이 그 위에 머뭅니다. 성령이 비둘기 같이 하늘로부터 오셨다면 그리스도께서 하늘로 올리우신 지금은 더더욱 비둘기 같이 그리스도와 함께 거합니다. 우리에게 임하시는 것과 비교할 때 성령께서 이 땅에서 한량없이 그리스도 위에 임하신 것이 맞습니다. 하지만 지금 하늘에서 성령은 은혜의 선물과 영광의 효력과 관련하여 그것과는 비교할 수 없이 풍성하게 그리스도에게 거하십니다. 어떤 의미에서 그것은 마치 공생애를 시작하기 전에 그와 함께하신 성령과 요한의 세례와 더불어 공생애를 시작하실 때 그리스도에게 충만하게 임하신 성령의 차이와 같습니다. 하늘로 올리우신 그리스도는 왕과 제사장으로 새롭게 세워지셨고, 하늘에서의 이런 사역을 고려할 때 "하나님 곧 왕의 하나님이 즐거움의 기름을 왕에게 부어 왕의 동료보다 뛰어나게 하셨나이다" 하신 말씀처럼 새롭게 기름부음을 받아야 했습니다.[시 45:7] 하늘에서 그리스도가 계신 자리는 특별히 "충만한 기쁨"이 있는 하나님의 보좌 우편을 의미합니다.[시 16:11] "왕의 위엄을 세우시고 병거에 오르소서"[시 45:4] 하신 말씀 또한 하늘에서 왕으로 계시는 그리스도를 말합니다. 하지만 위엄과 더불어 '온유함' 역시 빠지지 않습니다. 앞에서 인용한 구절을 보면 하늘에서 지극한 영광 가운데 좌정하신 그리스도의 성품 가운데 하나로 온유함이 언급됩니다. "왕은 진리와 온유와 공의를 위하여 왕의 위엄을 세우시고 병거에 오르소서."[시 45:4] 그래서 베드로는 사도행전 2:36에서 "너희가 십자가에 못 박은 이 예수를" 하나님이 다시 일으키고 높이셔서 "**주**와 **그리스도**가 되게 하셨느니라"고 합니다. 하늘에서 왕으로 그를 높이시고 기름부으셨다는 말입니다. 이 기름은 바로 성령입니다. 바로 이 성령으로 하나님이 이 땅에서 예수님에게 "기름붓듯 하셨으매"라고 베드로는 말합니다.[행 10:38] 성령을 한량없이 받으시는 그리스도이신 예수님은 사도행전 2장에서 사도들에게 "성령으로 세례를" 베푸셨습니다. 그러므로 분명한 것은 무엇이나 그리스도가 먼저 우리를 위해 받으신 것을 우리는 그로부터 받습니다. 이 기름이 우리의 대제사장의 옷자락을 적시고 사도들과 성도들로 이루어진 그의 지체들에게로 흘러내리고 오늘날까지 계속해서 그렇게 하는 것은 우리의 대제사장이요, 머리이신 그리스도께서 친히 새롭게 성령으로 기름부음을 받으셨기 때문입니다. 그래서 사도 베드로는 사도행전 2:33에서 어떻게 자신들이 성령으로 충만함을 입게 되었는지를 설명하면서 하나님의 오른손으로 높임을 받아 "약속하신 성령을 아버지께 받아서" 그리스도께서 바로 그 성령을 "부어 주셨느니라"고 합니다. 이 말을 단순히 하늘에 오르사 제자들에게 성령을 부어 줄 권세를 가지신 그리스도께서 우리를 위해 약속된 성령을 받은 것으로만 이해해서는 안 됩니다. 그 말이 맞지만 사실 이 말은 하나님께서 그리스도로 말미암아 우리에게 하시는 것은 무엇이나 먼저 그리스도에게 하신 것이라는 원리를 따라 그리스도께서 먼저 성령의 기름부음을 받으셨고 그 성령을 사도들과 성도들에게 부으셨다는 의미입니다. 우리에게 주어지는 모든 약속은 먼저 그리스도에게 주어지고 그 안에서 성취됩니다. 그리스도께서 우리에게 주시는 모든 약속은 자신이 친히 먼저 받은 것들입니다. "예수께서 아직 영광을 받지 않으셨으므로 성령이 아직 그들에게 계시지 아니하시더라"고 하는 것도 그런 이유일 것입니다.요 7:39 하지만 지금 그리스도는 승천하신 후 하늘에 계시고 "일곱 영"을 가지셨다고 합니다.계 1:4-옮긴이 일곱 영은 성령입니다. '일곱 영'으로 말미암아 "은혜와 평강이 너희에게 있기를"계 1:5-옮긴이 기원하는 본문을 볼 때 이 일곱 영은 성령을 가리키는 것이 분명합니다. 성령은 한 분이시지만 그리스도와 우리에게서 이루어지는 성령의 다양한 역사를 고려하여 그렇게 부릅니다. 일곱은 완전수입니다. 그러므로 지금 그리스도는 인간의 본성으로 가질 수 있는 성령의 지극히 충만한 가운데 계신다는 말입니다. 또한 승천과 더불어 그 지식이 확장됨으로 이 땅에 계실 때는 몰랐던 사실을 아심—이 땅에서는 심판날이 언제일지 몰랐지만 요한계시록을 쓰는 이때는 그것을 아셨기 때문입니다—에 따라 우리를 향한 연민(그리스도의 인성에 대해 말하자면) 역시 그만큼 깊어졌습니다. 하나님이 베푸시기로 작정한 모든 긍휼은 지금 실제로 그리스도의 손길과 각별한 관심을 통해 유대인들에게만이 아니라 그리스도의 승천 이후 돌이키기로 작정된 모든 이방인들에게도 베풀어집니다. 그렇기 때문에 지금 그리스도는 하나님이 긍휼로 작정한 모든 사람에게 하나님의 마음에 전적으로 합한 지극한 긍휼을 베푸십니다.

그래서 이것은 성령이 그분 안에 거하심에서 도출되는 세 번째 논증입니다. 당신 마음에 거하시는 성령을 경험함으로 당신의 믿음이 힘을 얻습니다. 이를 통해 성령께서는 당신 안에 타인을 향한 온유함으로 역사하실 뿐 아니라 당신의 영혼이 구원을 얻도록 당신 자신을 향한 연민으로 역사합니다. 이를 위해 당신을 불러일으켜 은혜와 자비를 위해 은혜의 보좌 앞으로 나아가 끊임없이 "말할 수 없는 탄식으로" 간구하게 합니다.롬 8:26-옮긴이 하늘에서 그리스도의 마음에 거하시고 이 땅을 살아가는 당신의 마음에도 거하시는 동일한 성령께서 항상 먼저 그리스도의 마음에서 당신을 위해 역사하신 후 그리스도의 보내심을 받아 우리 마음에도 역사하십니다. 그러므로 성령께서 당신이 자신에 대하여 가질 수 있는 것보다 무한히 큰 긍휼과 연민을 그리스도의 마음에 불러일으키시는 것을 확신하고 안심하십시오.

## Ⅱ. 그리스도는 우리에게 몇몇 관계를 약속하셨다. 하늘에 계신 그리스도에게 우리는 지금도 그 관계를 요구할 수 있다. 그 약속된 관계들로부터 도출된 두 번째 논증

그리스도의 마음은 그 어느 때보다 우리를 향해 있습니다. 지금 하늘에 계신 그분에게 계속해서 요구할 수 있는 몇몇 약속된 관계들이 있습니다. 이로부터 비롯된 두 번째 논증이 있습니다.

1. 우리가 누리는 각종 모든 친밀하고 깊은 관계와 연합은 지속됩니다. 이 관계와 연합은 그리스도께서 어떤 영광 가운데 계시든지 결코 달라지지 않습니다. 그러므로 우리를 향한 그리스도의 마음과 사랑도 달라지지 않을 뿐 아니라 그 관계를 위해 요구되는 그리스도의 사랑의 관심과 역사들 또한 전혀 줄지 않습니다. 아버지와 자녀, 남편과 아내, 형제와 형제 등과 같은 본성적인 모든 관계는 그런 관계를 위해 지어진 세상을 반영합니다. 이 세상이 있는 한 그 관계는 항상 있습니다. 그러나 오는 세상에서는 이런 육신의 관계가 그칩니다. 그 관계들은 이 세상만을 위한 것이기 때문입니다. "남편 있는 여인이 그 남편 생전에는 법으로 그에게 매인 바 되나 만일 그 남편이 죽으면 남편의 법에서

벗어나느니라"는 말씀 또한 같은 맥락에서 하신 말씀입니다.[롬 7:2] 그러나 그리스도와 우리 사이의 관계는 히브리서가 말하는 바와 같이 "장차 올 세상"을 위해 맺어졌습니다.[히 2:5-옮긴이] 그리스도와 우리의 관계는 오는 세상에서 온전히 발휘되고 완성됩니다. 그래서 그리스도는 "어제나 오늘이나 영원토록 동일"하십니다.[히 13:8] 이 세상에서 볼 수 있는 비천과 존귀는 그 어떤 조건의 변화에도 이어지는 끊어질 수 없는 관계입니다. 이것은 그리스도와의 관계를 또한 예증합니다. 요셉이 애굽에서 유력한 자리에 오른 뒤에도 불쌍한 자신의 형제와 아버지 야곱과의 관계와 그들 간의 사랑은 그대로 계속되었습니다. 창세기 45장에서 요셉은 "하나님이 나를 바로에게 아버지로 삼으시고 그 온 집의 주로 삼으시며 애굽 온 땅의 통치자로 삼으셨나이다"라고 말했습니다.[8절] 애굽에서 자신의 출세와 존엄을 언급하면서도 형제들과의 관계, 그리고 자기 아버지와의 관계를 잊지 않고 있을 뿐 아니라 요셉은 여전히 같은 사람으로 남아 있었습니다. "나는 당신들의 아우 요셉이니."[4절] 형제들을 향한 마음 역시 그대로인 것처럼 보입니다. "요셉이……그 정을 억제하지 못하여."[1-2절] 자기 아버지 요셉에 대해서도 같은 마음이 드러납니다. "당신들은 속히 아버지께로 올라가서 아뢰기를 아버지의 아들 요셉의 말에 하나님이 나를 애굽 전국의 주로 세우셨으니 지체 말고 내게로 내려오사."[9절] 그는 자신을 여전히 '아버지의 아들 요셉'이라고 부릅니다.

또 다른 예를 들어 보겠습니다. 인도로부터 구스까지 127지방을 치리하는 나라의 왕비 자리에 오른 에스더입니다. 여기서는 부자와 형제 간의 관계가 아닌 동족과의 관계가 드러납니다. 당대에 온 땅에서 가장 강력한 왕의 총애를 한 몸에 받는 왕비로 있으면서도 에스더는 "내가 어찌 내 민족 화 당함을 차마 보며 내 친척의 멸망함을 차마 보리이까"라고 부르짖습니다.[에 8:6] 에스더는 오로지 자신의 동족들만을 생각했고, 동족을 향한 이런 애끓는 마음에 그녀는 목숨을 걸고 왕 앞으로 나아갈 수 있었습니다! 그렇다면 이보다 훨씬 더 긴밀한 남편과 아내의 관계에서는 어떻겠습니까! 솔로몬 왕처럼 모든 영광과 권세를 가진 어떤 사람이 가난하고 비천할 뿐 아니라 질병으로 신음하는 여인을 자신의 아내로 취한 경우를 생각해 봅시다. 그 남편이 아내를 모든 사랑과 존경으로 돌보지 않는다면, 그는 온 세상 사람들의 비난과 수치를 면치 못할 것입니다. 그러나 이런 모든 것을 넘어서는 관계가 있습니다. 바로 머리와 지체로서의 관계입니다. 모든 관계 중에 가장 자연스럽고 본질적인 관계, 그만큼 가장 필연적이고 자발적인 관계가 있습니다. 아무리 병약하고 심지어 나병이 걸렸다 해도 "누구든지 언제나 자기 육체를 미워하지 않고 오직 양육하여 보호"한다고 사도는 말합니다.[엡 5:29–옮긴이] 본성의 원리가 그렇습니다. "만일 한 지체가 고통을 받으면 모든 지체가 함께 고통을 받고."[고전 12:26] "그리스도도 그러하니라"고 합니다.[고전 12:12] 그리스도 안에 우리를 사랑하는 마음이 지속적으로 있는 것은 우리와 이런 관계 때문입니다. "유월절 전에 예수께서 자기가 세상을 떠나 아버지께로 돌아가실 때가 이른 줄 아시고 세상에 있는 자기 사람들을 사랑하시되 끝까지 사랑하시니라."요 13:1 성경은 그 이유를 그리스도와의 관계에서 찾습니다. 사랑의 대상은 '자기 사람들'이었습니다. 그리스도의 형제, 그리스도의 신부, 그리스도의 몸과 같이 무엇이든 그리스도와 맺어진 모든 관계 때문에 그렇게 불렸습니다. 예수님이 말씀하신 것처럼 세상도 "자기의 것을 사랑"합니다.요 15:19-옮긴이 그렇다면 예수님은 자기 사람들을 얼마나 더 사랑하시겠습니까! "누구든지 자기 친족 특히 자기 가족을 돌보지 아니하면 믿음을 배반한 자요 불신자보다 더 악한 자니라"고 사도는 말합니다.딤전 5:8-옮긴이 비록 지금 그리스도는 하늘에 계시지만, 그의 백성은 여전히 그의 가족입니다. 비록 이 땅에 있지만 그들은 지금 하늘에서 그리스도의 영광 가운데 그를 둘러선 사람들만큼이나 진실로 그리스도에게 속한 자들입니다. 성경은 예수 그리스도의 아버지께서 "하늘과 땅에 있는 각 족속에게"엡 3:14-옮긴이 주 예수 그리스도를 따라 이름을 주셨다고 선언합니다. 그들 모두가 그리스도를 주님으로 섬기는 한 가족을 이루는 것입니다. 그리스도는 이 땅에서 발견되는 모든 관계를 세우신 자요, 그 관계의 주체요, 이 관계에 대한 가장 완전한 모범과 본보기를 우리에게 보여줍니다.

(1) 그분은 모든 본성적이고 은혜로 말미암은 관계와 그 관계에 따른 성정의 조성자입니다. 그래서 시편 기자는 "눈을 만드신 이가 보지 아니하시랴"고 묻습니다.시 94:9 그래서 나도 묻습니다. 부모 형제에게 그 관계에 합당한 모든 애정과 성정을 심으신 이에게는 그런 마음이 훨씬 많지 않겠습니까? 지금 하늘에 있는

"아브라함은 우리를 모르고 이스라엘은 우리를 인정하지 아니할지라도 여호와여, 주는 우리의 아버지시라. 옛날부터 주의 이름은 우리의 구속자"이십니다.사 63:16-옮긴이 1절과 2절, 유대인들의 외침을 말하는 예언에서 드러나는 것처럼 이사야 선지자는 지금 그리스도를 말하고 있습니다. 또한 선지자는 "주여 하늘에서 굽어 살피시며 주의 거룩하시고 영화로운 처소에서 보옵소서"사 64:15-옮긴이라고 하면서 그리스도를 하늘에 계신 분으로 말합니다. 그리스도가 이 땅의 죄인들을 거부하고 외면해야 한다면 그럴 만한 두 가지 이유가 있습니다. 하나는 그분의 영광 때문이고, 또 다른 하나는 그분의 거룩 때문입니다. 이 땅에 있는 우리는 비천한 피조물일 뿐 아니라 죄인들이기 때문입니다. 그러나 지금 하늘에 계신 그리스도는 죄인인 우리를 거절하지 않으시고, 지극히 미미하고 비천한 존재들임에도 불구하고 우리를 멸시치 않으십니다.

(2) 그리스도는 모든 관계의 주체입니다. 하지만 피조물은 그렇지 않습니다. 사람은 남편이면서 동시에 아버지나 형제가 아닐 수도 있습니다. 하지만 그리스도는 관계 그 자체입니다. 인간이 가진 관계 중에 우리를 사랑하시고 소유하시는 그리스도의 사랑을 다 담을 수 있는 관계는 없습니다. 그리스도께서 자신의 교회를 "내 누이, 내 신부"로 부르는 것도 이 때문입니다.아 5:1

(3) 그리스도는 우리가 갖는 모든 관계의 모범과 본보기입니다. 우리가 갖는 관계는 그리스도와 맺은 관계의 모방일 뿐입니다. 그래서 에베소서 5장은 그리스도를 남편이 아내와 맺은 관

계와 사랑의 모범으로 말합니다. 사도는 "남편들아, 아내 사랑하기를 그리스도께서 교회를 사랑하시고 그 교회를 위하여 자신을 주심 같이 하라"고 합니다.엡 5:25 맞습니다. 아담의 결혼과 31-33절 말씀과 아내와 한 몸을 이루는 것 등에 대한 언급은 모형과 그림자로서 그리스도께서 자신의 교회와 갖는 혼인을 반영합니다. 그래서 바울은 말미에서 "이 비밀이 크도다. 나는 그리스도와 교회에 대하여 말하노라"고 말합니다.엡 5:32-옮긴이 **첫째**, 이것은 신비입니다. 다시 말해, 그리스도와 교회의 혼인을 예표하고 나타내도록 신비하게 정해진 것이 아담의 결혼이었습니다. **둘째**, 그냥 신비가 아니라 위대한 신비입니다. 이 결혼이 예표하고 나타내는 것이 너무나 위대하고, 거기에 비하면 아담의 결혼은 그림자에 불과하기 때문입니다. 따라서 당신이 보고 있고 또 이해하는 모든 관계와 그 관계에 내포된 정서와 그런 정서에 따른 결과들은 모두 의식적인 모형들입니다. 물론 이 세상에 있는 모든 것은 그리스도—자연에 있는 모든 유비의 진리와 본체가 되시는 유일한 그리스도—안에 있는 그림자입니다.

그러므로 설령 어떤 사람의 신분이 아무리 높아져도 이런 관계가 변하지 않고 또 변할 수도 없다면, 그리스도 안에 있는 마음은 더더욱 변하지 않을 것입니다. 그래서 히브리서 2:11은 그리스도께서 우리를 "형제라 부르시기를 부끄러워하지 아니"하신다고 합니다. 이 말씀 바로 앞 9절에서 사도는 "영광과 존귀로 관을 쓰신 예수"를 말합니다. 그렇습니다. 몸의 한 지체가 고통을 당하면 나머지 지체들이 그 고통을 함께 느끼는 것처럼, 그리스도도 그렇습니다. 바울이 그리스도의 지체들인 성도들을 박해하자 머리되신 그리스도께서 하늘에서 "왜 나를 박해하느냐"라고 하셨습니다.행 22:7-옮긴이 발이 밟히면 머리가 그것을 느낍니다. '영광과 존귀로 관을 썼다'고 이런 관계가 달라지지 않습니다. "우리는 그의 몸과 그의 살과 그의 뼈의 지체임이라"(엡 5:30, KJV, "우리는 그 몸의 지체임이라", 개역개정—옮긴이). 그래서 에스더가 "내가 어찌 내 민족이 화 당함을 차마 보며 내 친척의 멸망함을 차마 보리이까"에 8:6-옮긴이라고 한 것처럼 그리스도도 그렇게 말씀합니다. 비천한 아내를 둔 남편이 왕이 되어 아내를 자신의 영광으로 이끈다면 그것은 남편의 영광이지 수치가 아닙니다. 그렇습니다. 오히려 왕이 되었다고 자기 아내를 태만히 대하고 소홀히 하는 것이 수치입니다. 특별히 왕의 딸로 부요하고 영광스러운 위치에 있을 때 약혼한 아내가 비천하고 가난하게 되었다고 그녀를 홀대하는 것은 더더욱 수치입니다. 그리스도의 신부가 비록 지금은 죄와 비참함 가운데 있지만 영원 전부터 이 둘을 짝지어 주신 아버지 하나님께서 처음 그리스도에게 그리스도의 신부를 주셨을 때 그 신부는 영광스럽기 그지없는 모습이었습니다. 하나님께서는 먼저 선택을 하셨습니다. 그리고 마침내 그리스도와 우리를 인도해 영광 안에서 그리스도와 우리 모두를 생각하셨습니다. 마침내 이루어질 일이 먼저 하나님의 작정 안에 있었습니다. 하나님은 처음부터 자신이 이루려는 역사의 마지막을 보고, 그 역사를 통해 자신이 뜻하신 바를 보시기 때문입니다. 애초에 우리를 그처럼 영화롭게 하시기로 뜻하신 하나님은 마침내 우리에게 주시기로 한 영광 아래서 자신의 작정의 거울을 통해 우리를 자기 아들에게 인도하셨습니다. 하나님은 우리가 하늘에서 받을 영광과 은혜와 보석들로 단장한 우리를 그에게 보여주셨습니다. 아담과 하와의 결혼은 바로 그리스도와 교회의 결혼을 예표합니다. 이것이 우리가 포함된 하나님의 첫 생각이었고, 이런 신부를 주실 것을 약속하시고 우리를 그리스도에게 건네셨습니다. 이렇게 하나님의 아들이 우리와 결혼하셨고, 우리를 자신의 영광으로 들이기로 하셨습니다. 또한 하나님께서 우리가 죄와 비참함에 빠지도록 정하신 것은 그리스도의 사랑을 예증하고 이를 통해 그리스도를 그의 사랑 안에서 우리를 사랑하는 자요, 남편으로 더욱 영광스럽게 나타내고 하나님께서 정하신 타락하기 전 우리의 복된 상태를 보다 현저하게 깨닫도록 하기 위함입니다. 따라서 하나님의 처음 뜻 안에서 우리가 그토록 영광스러웠을 때 그와 결혼했기 때문에 그 뜻 이루는 것과 관련된 작정, 혹은 우리를 이 영광으로 이끈 하나님의 작정 가운데 이전에 우리가 비참함과 비천함으로 타락했음에도 불구하고 이 결혼은 여전히 유효합니다. 그리스도께서는 우리와 모든 것을 함께하기 위해 우리를 신부로 취하셨습니다. 그러므로 우리 역시 그리스도와 더불어 그렇게 해야 합니다. 죄로 타락한 우리의 육신은 연약하고 쉽게 유혹을 받습니다. 신랑되신 그리스도도 "같은 모양으로 혈과 육을 함께" 지니셨습니다.[히 2:14] 그리스도는 승천하셔서 자기를 위해 예비된 영광 중에 계시는 지금도 성부께서 우리를 처음 자기에게 신부로 주신 대로 우리를 회복하기까지, "우리를 깨끗하고 거룩하게" 하셔서 하나님께서 처음 뜻 안에서 "영광스런 교회로"—우리를 자기에게 주셨을 때 보고 즐거워하고 혼인했던 본래의 아름다움을 가진 교회로—자기 앞에 세우기까지 결코 쉬지 못합니다.엡 5:26-27 이렇게 주장하는 이유는 그리스도께서 우리의 남편으로 계시기 때문입니다.엡 5:25-26 그러므로 그리스도가 비록 지금 영광 가운데 계시지만, 그것 때문에 낙심할 필요가 없습니다. 지금 그리스도는 "은총과 긍휼히 여김으로" 장가 든 남편으로서 당신을 대하고 계시기 때문입니다.호 2:19 영원 전부터 신부인 당신을 위해 작정된 본래의 아름다움이 너무도 깊이 마음에 각인된 나머지 신랑되신 그리스도는 자신이 한때 그토록 즐거워하던 그 아름다움으로 당신을 다시 회복시키기까지 당신을 깨끗하게 하고 거룩하게 하기를 결코 쉬지 않을 것입니다.

2. 두 번째 약속된 관계입니다. 하늘로 올리우시기 전에 이 땅에서 우리를 위해 행하시고 고난당하신 일들로 말미암아 우리를 향한 그리스도의 이 사랑은 계속해서 더해만 갑니다. '자기 사람들을 사랑하시되' 죽기까지 사랑하신 그리스도는 '자기 사람들을……끝까지 사랑하시'고, 심지어 영원히 사랑하실 것입니다. 영적인 관계든 육적인 관계든 모든 관계를 보면 누구든 우리가 사랑하는 사람을 위해 더 많이 애쓸수록 그들을 향한 관심과 사랑이 더 생기는 것을 봅니다. 하물며 우리를 위해 그토록 분명히 고난당하신 그리스도의 마음에서 일어나는 우리를 향한 마음과 사랑의 역사는 어떻겠습니까! 부모들에게서도 이런 역사를 찾아볼 수 있습니다. 어머니들에게 심긴 자기 자녀들을 향한

본성적인 사랑은 차치하더라도, 진통과 해산의 고통을 겪은 어머니들이 자녀를 향해 갖는 사랑은 아버지들의 자녀들을 향한 사랑보다 그 정도가 일반적으로 훨씬 큽니다. 그래서 자녀를 향한 어머니의 사랑을 인간이 본성적으로 발휘하는 사랑 중에 가장 분명한 것으로 여기고, 이런 사실을 반영하여 성경은 "여인이……자기 태에서 난 아들을 긍휼히 여기지 않겠느냐"라고 합니다.[사 49:15] 어머니는 산고는 물론 많은 수고와 어려움이 따르는 수유를 통해서도 자녀에 대한 더 큰 사랑을 경험하기 때문에, 직접 수유를 통해 자녀를 기르는 어머니들의 애정과 사랑은 남다르고, 보모에게 맞겨 기르는 어머니들과 비교해서도 현저하게 다른 것을 봅니다. 그래서 앞에서 인용한 이사야의 말씀을 보면 '그 젖 먹는 자식'이라는 말로 이런 사랑의 극치를 표현합니다. 고통과 어려움을 함께 겪으며 서로 사랑을 추구한 배우자 간의 사랑도 마찬가지입니다. 서로를 향한 사랑으로 비롯되는 어려움과 고통을 감내한 배우자일수록 서로를 향한 열망이 강해지고 사랑이 더해집니다. 그렇게 고통과 어려움을 감내하며 사랑한 배우자일수록 더욱 사랑스럽게 다가옵니다.

본성적인 관계의 이런 원리가 영적인 관계라고 달라지는 것은 아닙니다. 모세와 같은 경건한 신자에게서 이런 사실을 확인할 수 있습니다. 그리스도가 우리를 위한 중보자인 것처럼 모세는 유대인을 위한 중보자요, 그리스도의 그림자와 모형이었기 때문에 모세에게서 오히려 이런 사례를 발견할 수 있습니다. 자신의 목숨을 위태롭게 할 수 있는 일인데도 불구하고 하나님의 인도하심을 따라 이스라엘 백성들을 애굽에서 인도한 해방자 모세는 그들을 광야로 이끌고 열방들의 눈에는 그들의 지혜였던 하나님의 선한 율법을 전했고, 이스라엘 백성에게서 진노를 거두시도록 하나님께 기도했습니다. 우리가 읽는 모든 신앙의 영웅 가운데 자기를 향해 끊임없이 불평을 일삼고, 심지어 돌로 쳐 죽이려고까지 했던 민족을 위해 모세처럼 힘썼던 사람이 누가 있습니까? 오히려 이스라엘을 위해 힘쓴 수고로 말미암아 그의 마음은 더욱 강력하게 저들에게 이끌려, 전혀 요동 없이 그들이 유익을 얻는 일에 집중합니다. 심지어 하나님께서 진노 가운데 이스라엘을 제하고 모세와 함께 보다 강력하고 위대한 나라를 일으키겠노라고 하신, 아담 이래 그 누구도 맞닥뜨린 적이 없는 엄청난 시험이 될 만한 제안을 하심에도 불구하고, 모세는 아랑곳하지 않고 이스라엘 백성을 중보하기에 여념이 없었습니다. 무엇보다 "어찌하여 그 큰 권능과 강한 손으로 애굽 땅에서 인도하여 내신 주의 백성에게 진노하시나이까"라고 하면서 지금 우리가 살피고 있는 것과 같은 주장을 통해 계속해서 하나님이 이스라엘 백성을 선대하시기를 간구합니다.[출 32:11] 그리고 14절에서 보는 것처럼 하나님께서 그의 기도를 들어주십니다. 이처럼 모세는 하나님께서 말씀하신 제안을 거부할 뿐 아니라 백성들에게 유익이 된다면 자신에게 주어진 생명의 유업조차 포기할 것을 하나님께 고했습니다. 그 정도로 모세의 마음은 전적으로 그가 인도한 이스라엘 백성에게 가 있었습니다. "원하건대 주께서 기록하신 책에서 내 이름을 지워 버려 주옵소서."[출 32:32]

경건한 사도 바울 역시 자신의 편지를 받는 갈라디아 교인들을 향해 이 같은 열렬한 사랑을 나타냅니다. 저들을 향한 열렬한 사랑에 사도 바울은 저들을 그리스도에게 인도하기 위해 치르는 어떤 고통, 수고, 고뇌, 고난도 마다하지 않습니다. 갈라디아 교인들을 위해 바울이 얼마나 애를 쓰는지 보십시오! 이들을 위한 자신의 수고가 허사로 돌아갈까봐 두려워하는 바울이 아닙니까! 그래서 바울은 "내가 너희를 위하여 수고한 것이 헛될까 두려워하노라"고 합니다.갈 4:11 그리고 그들을 향한 더 깊은 속내를 드러냅니다. "나의 자녀들아 너희 속에 그리스도의 형상을 이루기까지 다시 너희를 위하여 해산하는 수고를 하노니."갈 4:19 전에 그들을 위해 수고한 것을 잃느니 차라리 그들을 위해 다시 수고하는 것이 낫다고 단언합니다.

그리스도를 예표하는 모형으로서의 모세, 그리고 그리스도의 마음을 본받은 모범으로서의 바울. 이 두 경우를 통해 우리는 그리스도의 마음에 있는 자기 교회를 향한 사랑과 애정을 확신하고 마음을 북돋울 수 있습니다. 바로 이 사랑 때문에 그리스도가 우리를 위해 일하셨고 또 고난받으셨습니다.

그리스도가 당신을 위해 행하시고 고난당하신 것과 같이 모세도 자기 백성인 이스라엘을 위해 그렇게 한 적이 있었습니까? "이 모든 백성을 내가 배었나이까"라고 반문함으로 모세는 자신이 이스라엘 백성을 낳지 않았음을 인정했습니다.민 11:12-옮긴이 하지만 그리스도는 우리 모두를 잉태하고 해산의 고통으로 우리를 낳으셨습니다. 우리를 위해 산고와 같은 사망의 고통을 당하셨습니다.행 2:24 그렇다면 바울은 어떻습니까? 그는 "바울이 너희를 위하여 십자가에 못" 박혔느냐고 묻습니다.고전 1:13-옮긴이 그리스도께서 그렇게 하셨습니다. 바울은 지금 그리스도의 사랑을 한층 더 부각하기 위해 이렇게 말합니다. 만약 바울이 십자가에 못 박혔다고 하더라도 그것이 우리에게 가져다주는 무슨 유익이 있습니까? 없습니다. 하지만 그런 바울이 갈라디아 교인들이 믿음을 저버릴까 우려하며 기꺼이 그들을 위한 고난을 당했다면, 그리스도의 마음은 죄인들을 향해 훨씬 더 그렇지 않겠습니까! 이미 우리를 위해 무한한 고통을 당하셨음에도 불구하고, 우리를 잃는 것에 질색하실 뿐 아니라, 우리를 너무도 사랑하셔서 신고와 고난과 질고를 통하지 않고서는 우리를 구원할 다른 길이 없다 해도 기꺼이 또다시 그런 고난과 질고를 감내할 분이 아닙니까! 그러나 히브리서 기자가 말하는 것처럼 우리를 위한 고난과 질고는 한 번으로 족합니다. 그만큼 그리스도의 제사장직은 완전했습니다. 그러므로 그리스도의 사랑은 그의 죽음과 더불어 소진되거나 소모되지 않고 오히려 더해진다는 것을 확신하십시오. 바로 이 사랑 때문에 그분이 죽으셨습니다. "선한 목자는 양들을 위하여 목숨을 버리거니와."요 10:11-옮긴이 그렇게 자기 목숨을 버리시기 전에 "사람이 친구를 위하여 자기 목숨을 버리면 이보다 더 큰 사랑이 없나니"라고 하셨습니다.요 15:13-옮긴이 하지만 이미 죽으시고 부활하신 지금 이 사랑으로 인해 그리스도의 마음은 더욱 신자들을 향합니다.

어떤 대의나 누구를 위한 어려움과 고난을 많이 당할수록 그만큼 그 대상을 향한 사랑과 열정은 더해집니다. 이런 수고와 고난으로 인해 더 강한 연대가 이루어지기 때문입니다. 그렇지 않으면 이미 행하고 겪은 모든 일들과 수고로 인해 감사와 그 가치를 잃기 때문입니다. 바울은 갈라디아 교인들에게 "너희가 이같이 많은 괴로움을 헛되이 받았느냐. 과연 헛되냐"고 묻습니다. 갈 3:4 그리스도를 고백하고 그분으로 인한 많은 어려움을 견뎠음에도 불구하고 계속해서 수고하고 견디지 못해 그동안의 모든 인내와 수고를 잃지 않도록 갈라디아 교인들을 책망하고 격려합니다. 그리스도에게도 이런 마음이 있지 않겠습니까? 특별히 이 땅에서 행해야 했던 일들과 감내해야 했던 수고를 다하고 이제 하늘에서 이 땅의 수고와는 비교할 수 없는 달콤하고 영광스런 일들만 볼 때, 그리스도의 마음은 더욱더 기쁘지 않겠습니까? "눈물을 흘리며 씨를 뿌리는 자는 기쁨으로 거두리로다." 시 126:5 -옮긴이 이 땅에서 그토록 수고하고 많은 고난을 지날 때조차 그렇게 큰 사랑을 나타내셨다면 하물며 모든 고난과 수고를 넉넉히 이긴 지금 그분의 사랑이 계속될 것은 당연하지 않겠습니까? 이제까지 있었던 가장 엄청난 고난과 고통을 이겨 낸 사랑이라면 가장 탁월한 영광 중에 계시는 지금은 훨씬 더 큰 사랑으로 우리를 사랑하지 않겠습니까? 있을 수 있는 가장 큰 시험을 당해서도 그 마음이 한결같이 우리를 향했는데 영화롭고 복된 상태에 계시는 지금 그 마음이 사라지고 우리를 향한 사랑이 사그라들겠습니까? 결코 그렇지 않습니다. "예수 그리스도는 어제나 오늘이나 영원토록 동일하시니라." 히 13:8 십자가에 달려 극심한 고통 가운데 있을 때 곁에 있던 강도—그리스도께서는 그를 위해서도 역시 고난 당하셨습니다—가 그리스도에게 "예수여, 당신의 나라에 임하실 때에 나를 기억하소서"라고 청했습니다.눅 23:42-옮긴이 당시 그리스도께서 그를 돌아볼 처지였겠습니까? 하지만 우리가 알다시피 그리스도께서는 그를 돌아보셨고 "오늘 네가 나와 함께 낙원에 있으리라"고 하셨습니다.눅 23:43-옮긴이 그렇다면 낙원에 이르러서는 그를 위해 훨씬 더 많은 일을 하셨을 것이 분명합니다. 거기서 그를 기억하시는 것은 당연합니다. 바로 그때 그 자리에서 이 강도를 위해 당한 고통은 결코 잊을 수 없는 가장 분명한 증거이기 때문입니다. 예언자들이 하나님에 관해 말한 바와 같이, 그분은 그들과 우리를 여전히 기억하십니다. 우리가 '그분이 오시기까지 그분의 죽음을 기억하기를' 그분이 원하셔서 우리에게 그분을 사랑하는 마음을 주신다면, 그렇다면 그분은 하늘에서 우리를 더욱더 사랑하실 것이 분명합니다. 지금 자기 나라에 계시는 그리스도께서 십자가의 강도에게 약속하신 대로 그분이 우리를 기억하시는 것은 의심의 여지가 없습니다. 이것으로 두 번째 약속된 관계 논증을 종결하겠습니다.

3. 세 번째 약속된 관계는 여전히 그분에게 요구될 수 있는 직분에 관한 약속으로, 그분에게 나아오는 죄인들은 모든 긍휼과 은혜를 그분에게 요구할 수 있습니다. 그래서 그분은 계속해서 하늘에 계심에도 불구하고 여전히 이 직분을 가지시고 또 영원토록 이 직분을 가지실 것이기에, 그리스도의 마음은 항상 자애로움과 연민으로 가득합니다. 이 직분은 바로 그리스도의 제

사장 직분을 말합니다. 성경은 이 직분을 우리가 때를 따라 돕는 은혜와 긍휼하심을 얻기 위해 은혜의 보좌 앞으로 담대히 나아갈 토대로 말합니다. "그러므로 우리에게 큰 대제사장이 계시니……그러므로 우리는 긍휼하심을 받고 때를 따라 돕는 은혜를 얻기 위하여 은혜의 보좌 앞에 담대히 나아갈 것이니라." 히 4:14, 16 다음 두 가지 사실을 통해 그것을 알 수 있습니다.

**첫째**, 대제사장이라는 직분은 전적으로 은혜와 긍휼을 나타내 보이기 위해 세워진 직분입니다.

**둘째**, 그래서 이 직분으로 세워진 그리스도는 모든 일에 은혜와 긍휼로 충만해야 할 의무가 있고, 그리스도의 마음은 이 직분에 과연 가장 합당한 모습으로 남아 있습니다.

먼저, 대제사장의 직분은 전적으로 은혜의 직분입니다. 그래서 나는 대제사장직을 하늘에서 하나님이 정하고 세우신 **사죄의 직분**으로 부릅니다. 그리고 하나님은 그리스도를 이 직분의 주로 세우셨습니다. 그리스도가 가지신 왕의 직분을 권능과 통치의 직분이라 하고, 선지자직을 지식과 지혜의 직분이라고 하는 것과 같이 그리스도의 제사장직은 은혜와 긍휼의 직분입니다. 은혜와 긍휼로만 대제사장 직분을 합당하게 감당할 수 있습니다. 지성소에 시은소가 없었다면, 그곳으로 들어갈 제사장을 세울 필요도 없었을 것입니다. 대제사장은 시은소 앞에서 죄인들을 위한 속죄와 긍휼과 화해를 다루는 직분이었습니다. 그렇지 않았으면 제사장은 할 일이 전혀 없었을 것입니다. 은혜와 긍휼이 아니면 지성소라고 하는 가장 거룩한 자리에서 무슨 할 일이 있겠습니까? 구약의 대제사장직은 천국에 거하시는 그리스도의 직분을 가리키는 모형적 직분이었습니다. 그래서 사도는 본문에서 우리의 대제사장이 하늘로 들어가신 것과 더불어 은혜의 보좌를 언급합니다. 그리스도는 구약의 대제사장과 지성소에 있는 시은소가 가리키는 원형이기 때문입니다. 그리고 한 걸음 더 나아가 이 사실을 확증하기 위해 사도는 계속해서 이 모형에 대해 이야기하고 그것을 그리스도에게 적용합니다. 그리고 그것이 바로 본문 바로 다음에 나오는 히브리서 5:1-3입니다. 여기서 사도는 대제사장 직분은 물론 이 직분이 세워진 현저하고도 주요한 목적과 더불어 대제사장으로서 그리스도에게 있어야 했던 모든 고유한 속성과 필요한 기능들을 상세히 묘사합니다. 여기서 명시하는 대제사장에게 있어야 할 중요하고 핵심적인 자질은 긍휼과 은혜입니다. 그 이유로 본문은 대제사장은 바로 긍휼과 은혜의 일을 위해 세움을 받았다고 합니다. 이 말씀은 제사장의 이런 목적을 증거하고 있을 뿐 아니라, 바로 그리스도를 일컬어 "우리에게 있는 대제사장은 우리의 연약함을 동정하지 못하실 이가 아니요"히 4:15-옮긴이라고 하는 앞 장의 격려를 뒷받침하고 확증하기 위해 주어진 것임을 주목하십시오. 그러므로 우리는 "긍휼하심을 받고 때를 따라 돕는 은혜를 얻기 위하여 은혜의 보좌 앞에 담대히 나아가"야 합니다.히 4:16-옮긴이 "대제사장마다 사람 가운데서 택한 자이므로 하나님께 속한 일에 사람을 위하여 예물과 속죄하는 제사를 드리게" 하는 자기도 연약에 싸여 있는 자이기 때문입니다.히 5:1-옮긴이 그러므로 그리스도를 그분의 그림자인 아론과 그의 자손들의 실체로 말하는 이 본문은 앞 장에서 자신이 말한 것들에 대한 확증이요, 이 모두가 신자들을 격려하고 위로하기 위함입니다.

본문은 구약의 대제사장이 세워진 이유로 죄인들을 향한 은혜와 긍휼만을 말합니다. '대제사장마다……사람을 위하여 예물과 속죄하는 제사를 드리게' 하려고 세워졌다고 합니다. 여기에는 두 가지 쟁점이 있습니다. 그분께서 제사장으로 세워진 것이 **누구를 위한 목적**(finis cujus)과 **무엇을 위한 목적**(finis cui)인지의 문제가 있습니다.

(1) 대제사장은 **사람**을 위해, 다시 말해 사람들의 필요와 유익을 위해 세워졌습니다. 대제사장직이 사람들의 구원을 위한 것이 아니었다면 하나님은 결코 그리스도를 제사장으로 세우지 않으셨을 것입니다. 따라서 그리스도는 자신이 제사장으로 세워진 목적이 되는 사람들을 위하여, 그리고 하나님과 사람들 사이의 모든 일에 대하여 모든 관심과 능력을 발휘합니다. 그리스도는 우리가 하나님에 대하여 행해야 할 모든 일을(τα προς τον θεον, 히 2:17—옮긴이) 하십니다. 다시 말해, 우리를 대신해 하나님을 대하십니다. 하나님과 우리 사이의 모든 불화를 담당하고 화해를 하게 하십니다. 우리를 위해 하나님의 모든 은혜를 얻고 하나님께서 우리의 구원을 위해 하실 모든 일을 하십니다. 본성을 따라 기꺼이 자애로움으로 그렇게 하십니다. '대제사장마다 사람 가운데서 취한' 자인 것처럼, 그리스도도 우리 중에서 대제사장으로 세워졌기 때문에 천사가 우리를 위해 했을 것보다 훨

씬 더 우리에게 친절하십니다. 이런 사실로 그리스도께서 우리에게 얼마나 긍휼이 많은 대제사장인지를 이제 보이도록 하겠습니다.

(2) 모든 대제사장이 세워진 그 **목적**을 말씀드리겠습니다. 대제사장은 '예물과 속죄하는 제사를 드리기' 위해 세워졌습니다. 죄를 향한 하나님의 진노를 누그러뜨리는 속죄 제사와 하나님의 은혜를 얻는 예물을 드리기 위해서입니다. 우리가 알다시피 사도는 앞 장에서 은혜와 긍휼을 이야기합니다. 그리고 이 은혜와 긍휼을 위해 담대함으로 이 대제사장에게 나아오도록 격려합니다. 또한 이 일에 우리를 더 격려하기 위해 대제사장은 과연 이 둘(은혜와 긍휼—옮긴이)을 위해 속죄 제사(우리를 위한 모든 긍휼을 얻기 위한 제사)와 예물(모든 은혜를 얻기 위한 예물)을 드리는 직분이라고 합니다. 이처럼 대제사장을 세운 목적은 모든 은혜와 긍휼을 얻고, 이로 인해 사람들을 격려하기 위함입니다.히 5:1

(3) 대제사장에게 요구되는 **자질**은 다음과 같습니다. 대제사장은 "무식하고 미혹한 자를 능히 용납할 수 있는" 자여야 합니다.히 5:2 대제사장은 그에게 있는 깊은 지혜와 큰 능력과 엄밀한 거룩함 때문에 대제사장으로 세워진 것이 아닙니다. 오히려 그가 가진 긍휼과 불쌍히 여기는 마음 때문이었습니다. 그래서 본문은 이런 마음을 대제사장에게 있는 특별한 자질로 유일하게 언급합니다. 하나님의 부르심을 받아야 대제사장으로 공적으로 세워지는 것처럼,히 5:4 불쌍히 여기는 마음과 긍휼은 그렇게 세워진 사람이 대제사장의 직분에 합당한 자로 드러나게 하

는 고유하고 핵심적인 자질입니다. '할 수 있는,' '능력이 있는' 이라는 의미로 번역되는 '뒤나메노스'(δυναμενος)라는 말은 불쌍히 여기는 내적 능력, 마음, 성향 등을 의미합니다. 히브리서 4:15에서 사도는 "우리에게 있는 대제사장은 우리의 연약함을 동정하지 못하실 이가 아니요"라고 하면서 사용한 말(δυναμενον συμπαθησαι)입니다. 대제사장이신 그리스도께서 "시험 받는 자들을 능히 도우실 수" 있다고 하신 히브리서 2:18에서도 우리가 흔히 말하는 외적인 능력이 아닌 의지에 작용하는 내면의 동정과 연민을 가리키기 위해 이 단어를 씁니다. 우리의 대제사장이신 그리스도는 기꺼이 죄인을 용서하고 도우실 수 있다는 말입니다.

죄인에 대한 이런 마음이 대제사장에게 있어야 할 가장 핵심적인 속성이라면 그리스도야 말로 이런 마음에 가장 탁월한 분입니다. 그리스도가 모든 권세와 능력을 가진 분이 아니라면 하나님의 왕으로 합당하지 않았을 것입니다. 이런 능력과 권세는 왕에게 있어야 할 핵심적인 속성이기 때문입니다. 마찬가지로 동정과 연민으로 가득한 마음이 아니라면 그리스도는 하나님의 대제사장일수 없었을 것입니다. 그렇습니다. 하나님의 대제사장은 항상 그런 마음이어야 합니다. 그렇지 않으면 하나님의 대제사장일 수 없습니다. 목회를 위한 내적인 자질을 상실하면 더 이상 목사일 수 없고, 사람을 사람되게 하는 이성이 없으면 짐승과 다르지 않은 것처럼, 앞에서 인용한 히브리서 5:2의 불쌍히 여길 수 있는(KJV, "용납할 수 있는", 개역개정—옮긴이) 마음이 없으면 그리스도는 더 이상 대제사장일 수 없습니다. 우리가 '불쌍히 여길 수 있는'으로 번역한 이 말은 대단히 강조적인 표현입니다. '메트리오파세인'(μετριοπαθειν)은 '각 사람의 분량과 능력만큼 불쌍히 여기는 것'을 의미하는 말입니다. 내가 가진 성경 본문에 따르면 그리스도는 "우리의 연약함을 동정하지 못하실 이가 아니"라고 합니다.히 4:15-옮긴이 다시 말해, '우리가 당하는 모든 고난을 함께 겪으셨다'는 말입니다. 따라서 여기서 사용된 이 말은 고난을 내포합니다.

극심한 괴로움 가운데 있는 사람들은 이렇게 물을 수 있습니다. 그가 나를 불쌍히 여기고 나를 향해 연민의 마음을 갖는다고 하지만, 내가 지은 죄악과 그로 인한 비참함이 얼마나 큰지 모른다. 그가 과연 내가 당하는 이런 고통을 마음으로부터 제대로 깊이 알고 또 그분만큼 나를 불쌍히 여기겠는가? 그리스도께서 불쌍히 여기시는 것과 관련하여 사람들이 갖는 이런 생각과 반론에 맞서 사도는 오실 그리스도의 그림자였던 구약의 대제사장의 의무가 무엇이었는지를 말하는 가운데 그리스도를 제시합니다. 그리스도는 각 사람이 당하는 고통의 분량에 따라 능히 그것을 동정하실 수 있고, 그런 마음으로 각 사람의 모든 처지를 따라 능히 도우실 분입니다. 고통이 크면 그만큼 그 고통을 함께 느끼십니다. 그리스도가 대제사장이기 때문입니다. 당신이 당하는 고통은 결코 그분이 가진 긍휼의 크기를 넘어서지 못합니다. '메트리오파세인'(μετριοπαθειν)은 **분량**을 뜻하는 '메트론'(μετρον)과 **고통받다**는 의미의 '파세인'(παθειν)으로 이루어진 합성어입니다. 이어지는 구절들을 보면 사도가 이 단어를 통해 전달하고자 한 것이 무엇인지 분명히 드러납니다. 여기서 사도는 의도적으로 구약의 율법 아래서 긍휼과 불쌍히 여김을 받을 수 있었던, 다시 말해 대제사장의 동정을 받을 수 있는 '무지하거나 유혹에 빠진' 죄인들을 그 죄의 정도와 분량에 따라 언급합니다. 구약의 율법에 보면 죄의 정도와 분량에 따라 하나님께서 차등적으로 제사를 규정하는 몇 가지 다른 종류의 죄인들이 언급됩니다.[레 4:2, 5] 또한 죄인 줄 알면서도 고의로 저지른 죄악들 역시 언급됩니다.[레 6:2-3, 6 비교] 자신이 저지른 죄를 속하기 위해 죄인이 나아오면 대제사장은 그가 저지른 죄가 어떤 것인지, 다시 말해 부지중에 저지른 죄인지 고의로 저지른 것인지를 지혜롭게 잘 살피고, 그에 따라 율법이 정하는 대로 합당한 제사로 그를 위해 중보해야 했습니다. 이처럼 대제사장은 자신의 신중한 판단을 따라 '죄를 헤아리고 죄인을 능히 불쌍히 여기는' 일(μετριοπαθειν)을 했습니다. 그래서 사도는 여기서 부지중에 죄를 범한 자를 가리키는 '무식한 자'와 '미혹된 자', 다시 말해 의지적이고 고의적으로 악을 자행한 자 모두를 언급합니다. 또한 대제사장에게 있어야 할 이런 속성을 바로 그리스도의 속성으로 말합니다. 죄와 비참함에서 비롯된 인간의 필요와 비탄만큼 그리스도의 마음은 죄인을 향합니다. 무지에서 비롯된 죄든, 날마다의 시험에서 비롯된 죄든, 아니면 그런 것들보다 현저하고 악한 죄든 상관없이 어쨌든 우리에게 있는 여러 가지 죄의 정도에 맞는 긍휼을 따라 합당한 중보를 하십니다. 그러므로 누구든 자신의 죄를 이유로 은혜와 긍휼을 바라고 그리스도에게 나아가기를 주저하거나 포기해서는 안 됩니다.

본 논의를 맺고자 합니다. 지금까지 우리는 두 사실을 보았습니다. 즉, 그리스도의 대제사장 직분에 합당한 자질인 긍휼에 찬 동정을 살펴보았고, 또한 이 직분의 목적을 살펴보았습니다. 그 목적은 죄인들의 죄악과 비참함의 정도와 처지에 따라 자비롭게 대하는 것이었습니다. 이 두 사실 각각으로부터 현재 논증에서 당연한 귀결로 다음과 같은 결론이 도출됩니다.

[1] 그리스도께서 대제사장으로 계신다는 말은 곧 그분은 계속해서 은혜로운 마음으로 죄인들을 불쌍히 여기신다는 것을 뜻합니다.

[2] 은혜와 긍휼을 바라고 은혜의 보좌로 나아오는 죄인들을 향해 모든 은혜와 긍휼을 베푸신다는 말은 그리스도께서 계속해서 자신이 세운 목적을 따라 대제사장의 직분을 신실하게 행하고 계심을 뜻합니다.

이 두 번째 결론에 대해서는 처음에 이미 말씀을 드렸습니다. 그분에게 부과된 대제사장이라는 직분은 죄인을 불쌍히 여길 것을 의무로 규정합니다. 이것은 첫 번째 결론의 필연적 귀결입니다. 그런데 이 두 사실을 한꺼번에 말하면서 이런 결론을 확인하는 말씀, 다시 말해 바로 앞의 해석과 병행을 이루는 구절이 있습니다. 히브리서 2:17입니다. "이는 하나님의 일에 자비하고 신실한 대제사장이 되어." 그리스도를 자비하고 동시에 신실한 분으로 말합니다. 자비함과 신실함이라는 대제사장의 직분과 관련된 두 자질 모두를 그리스도에게 돌립니다. '신실한 대제사장'이라는 말 그대로 그리스도의 대제사장직은 이 땅에서 육신으로 계신 날들이 다한 뒤에 하늘에서도 여전히 계속됩니다. 그리스도는 하늘에서도 여전히 대제사장으로 신실하게 계신 이유와 그것이 왜 합당한지를 설명한 후 사도는 다음과 같은 말씀을 덧붙입니다. "그가 시험을 받아 고난을 **당하셨은즉**."[히 2:18-옮긴이] 사도는 지금 그리스도의 고난이 끝난 뒤의 시간을 말하고 있습니다. 그리스도는 지금도 여전히 죄인을 긍휼이 여기는 분이라고 합니다. 그리고 이 사실은 그리스도는 대제사장의 직분에 합당한 분이며, 이것은 구체적인 말로 표현되기 이전에 그의 마음에 자리한 성향과 관련되며, 대제사장의 직분을 수행하는 것과도 관련된 말씀입니다. 그리스도는 자기에게 주어진 의무를 신실하게 수행하는 대제사장입니다.

그렇다면 이 사실은 그리스도께서 대제사장의 직분을 신실하게 이행하는 것보다 더 선행되는 사실로 우리를 인도합니다. 죄인을 긍휼히 여기는 것은 대제사장의 의무이고 이 직분에 신실하기 위해서는 그 마음이 긍휼로 넘쳐야 합니다. 어떤 직분을 신실하게 행한다는 것은 곧 자신을 그 직분으로 세우고 정한 의무를 그대로 이행하는 것을 뜻합니다. 이것이 신실함에 대한 바른 묘사이고 그렇게 묘사된 신실함은 바로 그리스도에게 해당됩니다. 이어지는 히브리서 3장 서두의 말씀입니다. "그가 자기를 세우신 이에게 신실하시기를 모세가 하나님의 온 집에서 한 것과 같이 하셨으니."[히 3:2] 이 말씀은 계속해서 그리스도에 대해 말하는 가운데 사도가 한 말입니다. 앞서 인용한 히브리서 5:2에 이어지는 3절 말씀도 이와 같은 말씀입니다. "그러므로……또한 자신을 위하여도 드리는 것이 마땅하니라." 그리스도의 모형으로서 행하는 대제사장을 가리켜 한 말입니다. 하지만 이를 통해 사도는 또한 자기에게 나아오는 모든 자들을 위해 중보하는 것이 그리스도의 의무라고 말합니다. "그러므로 백성을 위하여 속죄제를 드림과 같이……마땅하니라."히 5:3 이제 지금까지 살펴본 사실에 대한 보다 분명한 이해를 도모함으로 이 사실에 대한 우리의 믿음을 더욱 견고하게 하려고 합니다. 하나님이 세우심으로 대제사장이라는 이 직분이 그리스도에게 구속력을 발휘하고, 그것이 대제사장으로 세움을 받은 그리스도의 마땅한 의무라면 그리스도는 가장 합당하고 정확하게 그 의무를 행하실 것이 분명합니다. 그렇지 않으면 자신의 의무를 행하지 않는 것이 되기 때문입니다. 그리스도에게 있는 죄인을 불쌍히 여기는 마음이 대제사장의 직무를 이행하시는 그리스도의 신실함의 토대라는 사실이 우리에게 위로가 됩니다. 보다시피 이 둘이 여기서 하나로 결합합니다. 우리 각 사람은 자신의 본문에 합당한 의무를 준행하되 정확하게 그렇게 하도록 힘써야 합니다. 그래서 로마의 교회에 쓴 편지에서 사도 바울은 각 직분에 맞는 의무를 행할 것을 권고하는 가운데 다음과 같이 말씀합니다. "혹 섬기는 일이면 섬기는 일로" 하라고 하면서 무엇보다도 "긍휼을 베푸는 자는 즐거움으로 할 것이니라"고 합니다.롬 12:7-8 여기서 '긍휼을 베푸는 자'란 가난하고 병든 자를 돌아보는 직무를 가리킵니다.

또한 그리스도께서도 친히 (이사야 말씀을 인용해—옮긴이) 말씀하셨습니다. "주 여호와의 영이 내게 내리셨으니……나를 보내사 마음이 상한 자를 고치며 포로된 자에게 자유를, 갇힌 자에게 놓임을 선포하며……모든 슬픈 자를 위로하되."사 61:1-2 그리스도께서 이런 영혼들을 불쌍히 여기고 돌아보십니다. 그리스도는 "영혼의 목자"벧전 2:25이며 병든 자와 상한 자들의 목자요, 감독입니다. 에스겔이 말하는 것처럼 저들은 그리스도가 먹이고 돌보는 그의 양들입니다.겔 34:16 요한복음 10:16에서 친히 말씀하시는 것처럼, 그리스도께서는 이런 자들을 치고 돌보는 일을 항상 자신의 마땅한 의무로 여기십니다. "이 우리에 들지 아니한 다른 양들이 내게 있어 내가 인도하여야 할 터이니." **내가 해야 한다**는 표현을 '메 데이'(με δει)를 사용하여 이 일을 목자로서 자신이 반드시 해야 하는 의무로 강조하여 말씀합니다. 사도가 말하는 바와 같이 대제사장으로서 긍휼과 자비를 나타내는 자신의 의무를 자원함과 즐거움으로 하십니다. 그리스도는 감독만이 아니라 집사(diakonos)도 됩니다(교회는 그리스도의 교회이기 때문에 교회의 직분들은 하나같이 그리스도가 맡으신 직분입니다). 이런 직분들로 할례자나 무할례자나 다 한가지로 돌보십니다.롬 15:8 그리스도는 지금도 하늘에서 대제사장, 목자, 감독 등 교회의 모든 직분들을 다 자기 것으로 행하십니다. "예수는 영원히 계시므로 그 제사장 직분도 갈리지 아니하느니라."히 7:24

그러므로 두려워하지 마십시오. 그리스도께서 하늘로 올리우셨다고 죄인들을 향한 그리스도의 마음이 달라지는 것은 아닙니다. 오히려 하늘로 올리우심으로 그분의 마음은 더욱 이 땅의 죄인들을 향합니다. 성경은 그리스도께서 '하늘로 올리우셨다'고 할 뿐 아니라 그곳에서 대제사장으로 계신다는 사실을 덧붙여 말합니다. 그러므로 그리스도께서 하늘로 올리우신 것 때문에 두려워하지 마십시오. 그곳에서 그리스도는 자기에게 나아오는 자들에게 자비와 긍휼을 보이는 직분을 행하고 계시기 때문입니다. 하늘에 오르사 "모든 통치와 권세와 능력과……모든 이름 위에 뛰어나게" 되셨지만 여전히 대제사장으로 계십니다.엡 1:21-옮긴이 "이러한 대제사장은 우리에게 합당하니……죄인에게서 떠나 계시고 하늘보다 높이 되신 이라."히 7:26 더욱이, 하늘에 오르사 하나님 보좌 우편, 자기 아버지의 보좌에 앉으셨지만, 본문이 말하는 것처럼 그가 앉으신 보좌는 "은혜의 보좌"히 4:16-옮긴이입니다. 은혜의 보좌의 모형인 시은소가 지성소에서 가장 높은 자리였던 것처럼, 은혜의 보좌(우리에게 무한한 위로와 격려의 보좌)는 하늘에서 가장 높은 자리입니다. 따라서 하늘에서 그리스도가 가장 위대하고 존귀한 자리에 좌정하시는 것이 맞다면, 그리스도에게 가장 합당한 자리는 바로 은혜의 보좌요, 그곳에 좌정한 그리스도는 은혜와 긍휼을 나타내십니다. 하늘에 있는 그리스도께서 좌정하신 보화를 '은혜의 보좌'라 칭하는 것을 보면 은혜를 나타내는 것이 이 보좌의 영예라는 것을 알 수 있습니다. 또한 "그 보좌가 공의로 말미암아 굳게 섬이니라"고잠 16:12-옮긴이 솔로몬이 말한 바와 같이 왕의 보좌가 공의를 통해 굳게 서는 것처럼, 그리스도의 보좌는 은혜로 말미암아 굳게 섭니다. 그리스도가 좌정한 이 보좌의 초석, 다시 말해 그리스도로 이 보좌에 좌정하게 한 것도 은혜고, 이 보좌를 견고하게 붙드는 것 또한 은혜입니다.

**첫째**, 은혜가 이 보좌의 초석입니다. 하나님께서 그리스도로 이 보좌에 좌정하게 하신 것은 만물이 가진 것보다, 만물이 가질 수 있는 것보다 훨씬 뛰어난 은혜와 긍휼이 그 마음에 있기 때문입니다. 대개 우리가 누구를 좋아할 아름다움이나, 유쾌함이나, 현명함과 같은 탁월한 무엇이 그 안에서 발견되기 때문입니다. 하나님께 그리스도를 그렇게 지극한 보좌까지 높이신 이유를 묻는다면, 그것은 그리스도 마음에 자리한 은혜 때문이었습니다. 시편 45:2이 그렇게 말합니다. "왕은……은혜를 입술에 머금으니." 이런 그에게 하나님은 하늘의 모든 영광으로 그와 함께하십니다. 이것은 곧 자기 아들에게 주시는 하나님의 복을 말합니다. "그러므로 하나님이 왕에게 영영히 복을 주시도다."시 45:2

**둘째**, 은혜가 이 보좌를 견고하게 붙듭니다. 앞에서 언급한 시편 45:4이 그것을 말합니다. "왕은 진리와 온유와 공의를 위하여 위엄있게 타고 승전하소서." '온유와 공의'뿐 아니라 '진리', 다시 말해 진리의 말씀으로 인해 승전하소서라고 합니다. 에베소서 1:13에서 사도 바울은 그것을 "너희의 구원의 복음"이라고 주석합니다. 그리스도가 좌정하신 보좌와 위엄을 떠받치는 기둥과 버팀목이 두 가지 있는데, 그것은 은혜(온유와 우리 구원의 복음)와 공의, 혹은 의로움입니다. 이 중 하나는 우리를 위한 것이기도 합니다. 이 두 가지로 인해 그리스도의 보좌가 든든히 섭니다. 그래서 시편 45:6은 "주의 보좌가 영영하며"라고 합니다. 그리고 이 말씀은 히브리서 1:8에서 곧바로 그리스도에게 적용됩니다. 그러므로 두려워하지 마십시오. 온유함이 그리스도의 위엄을, 은혜가 그의 보좌를 떠받치고 있을 뿐 아니라 그리스도께서 이 마음과 속성들을 보여주심으로 친히 자신의 보좌를 주장하시지 않습니까!

4. 네 번째 약속된 관계는 앞의 관계에 추가되는 것으로서 약속에 대한 우리의 믿음에 도움이 되는 것입니다. 그분의 관심은 두 가지 사실입니다. 첫째는 우리의 구원을 위해 그분은 피를 흘려 그 값을 치르셨다는 사실이고, 둘째는 그분의 기쁨, 위로, 복되심, 영광 등은—이 땅에 있는 그의 지체들이 아주 연약할 때 그들을 용서하고, 그들의 고통을 덜어 주고, 위로하면서 그분의 은혜와 자비를 드러내 보임으로써—증가하고 더 커지게 된다는 사실입니다. 그래서 대제사장이라는 직분이 부과하는 의무 외에도 그리스도께서 자기 사람들인 우리와 관계된 모든 일에 신실하게 마음을 쏟을 이유는 분명합니다. 변호사가 자신의 소유도 아니고 아무런 개인적인 권리가 없는 일에도 불구하고 일단 의뢰를 받으면 그것이 자신의 직무라는 이유만으로도 법정에서 의뢰인을 변호하기 위해 얼마나 애를 쓰는지 보십시오. 소송과 관련된 금액에 비하면 수임료가 아주 미미한 경우가 대부분입니다. 하지만 그럼에도 불구하고 그렇게 애를 씁니다. 그런데 만약 소송과 관련된 재산이나 땅이 자신의 소유이거나, 혹은 자신의 사후 미망인으로 살아가야 할 자기 아내를 위한 것이거나, 자녀들에게 상속할 재산이라면 얼마나 더 애를 쓰겠습니까! 그리

스도께서 피로 값 주고 사신 우리의 사죄와 우리 영혼의 구원과 우리 마음이 그리스도를 닮아가는 것이 그리스도에게는 바로 그런 것들입니다. 자기 사람이 이런 것들을 더욱 풍성히 누리게 하는 것은 그리스도에게는 자기 자녀와 아내를 위한 일이요, 이는 곧 그리스도 자신을 위한 일입니다. 그렇습니다. 자기 사람들이 이런 것을 얻고 풍성히 누리게 하는 것은 그리스도에게 더욱 위로와 영광을 가져다줍니다. 그래서 다음 장(히브리서 3장) 서두에서 사도는 말하기를, 그리스도는 단지 주인이 시키는 대로 하는 종이 아니라 자신이 맡은 것을 소유하고 거기에서 이익을 얻는 아들로서 자기 일을 신실하게 하셨다고 합니다. 그래서 5절을 보면 "모세는 장래에 말할 것을 증언하기 위하여 하나님의 온 집에서 종으로서 신실하였"지만, "그리스도는 하나님의 집을 맡은 아들로서 그와 같이 하셨"다고 말씀합니다.[6절] 치료하고 진료비를 받는 의사라면 자기를 찾아온 낯선 환자에게 최선을 다합니다. 하물며 환자가 자기 자녀라면 어떻겠습니까? 마치 자신의 생명과 안위, 자신의 소유와 장래가 그 자녀의 처방과 치료에 달리기라도 한 것처럼 할 것입니다. 이런 경우 자녀는 비용이 아무리 들어도 그를 틀림없이 보살필 것입니다. 몸을 치료하고 원기를 회복하고 건강하게 할 온갖 귀한 약제와 방편들과 몸에 좋은 많은 식이요법들을 끊임없이 시행할 것입니다. 다니엘 1장에서 왕 앞에서 행하는 다니엘과 세 소년들의 안색과 상태에 따라 자신의 목숨이 위태해질 수 있는 환관장이 왕의 즐거움을 사도록 최상의 진미와 좋은 것들로 먹고 마시게 했던 것과 마찬가지입니다. 더구나 그리스도께서 우리에게 은혜와 긍휼과 위로를 베푸시는 것은 우리의 대제사장으로서 그리스도의 마음이 지닌 우리를 향한 영원한 의무일 뿐 아니라 하늘에서 그리스도께서 누리는 영광과 복되심과 기업의 중요한 부분으로 하나님께서 정하신 바입니다.

**첫째**, 이 부분을 이해하기 위해 하늘에 계시는 그리스도의 인성에는 영광과 복과 기쁨에 대한 이중적 능력이 있음을 생각해야 합니다. 그중 하나는 신성과 인격적 연합을 통해 아버지와 그리고 다른 인격적인 존재들과 누리는 순전한 교제와 친교입니다. 이런 교제를 통해 누리는 즐거움에 대해서는 시편 16:11에서 친히 그것을 자신이 누리는 즐거움으로 말씀합니다. "주께서 생명의 길로 내게 보이시리니……주의 우편에는 영원한 즐거움이 있나이다." 이 즐거움은 가감되는 것이 있을 수 없는 그 자체로 항상 동일하고 완전하고 절대적이며 끊임없이 계속되는 충만한 기쁨입니다. 피조물로부터 오는 기쁨이나 즐거움과는 전혀 상관이 없는, 그 자체만으로도 충분한 만물의 후사이신 하나님의 아들을 위한 기쁨입니다. 이 기쁨은 그리스도만의 본성적 유업입니다.

하지만 이 외에도 하나님께서는 그리스도에게 본성적 유업이 아닌 다른 방식으로 얻는 또 다른 영광과 기쁨의 능력을 주셨습니다. 앞의 충만과는 구별되는 또 다른 충만이라고 할 수 있는 이 능력은 바로 자기 몸인 교회와 신부로부터 얻는 기쁨과 영광의 충만입니다. 그래서 에베소서 1장에서 사도는 그리스도께서 천국에서 지극히 존귀하게 되신 것을 말하면서 "하늘에서 자기의 오른편에 앉히사 모든 통치와 권세와 능력과 주권과 이 세상뿐 아니라 오는 세상에 일컫는 모든 이름 위에 뛰어나게" 하셨다고 합니다.20-21절 그러나 거기서 머물지 않고 22절을 보면 여기에 "또 만물을 그의 발 아래에 복종하게 하시고 그를 만물 위에 교회의 머리로 삼으셨느니라"고 말씀합니다. 그리스도께서는 하나님의 신성이 그 안에 충만히 거하고 만물을 충만케 하는 자의 충만으로 계시는 분임에도 불구하고 자신의 몸된 교회와 이 교회의 구원을 앞에서 말한 자신만의 본성적 충만에 더해진 또 다른 충만으로 말하기를 기뻐하십니다. 하나님의 아들로서 그리스도는 스스로 완전한 분입니다. 그러나 머리이신 그리스도에게는 자신의 몸된 지체들의 유익과 복으로부터 오는 또 다른 충만한 기쁨이 있습니다. 모든 기쁨이 행위에 동반하는 결과인 것처럼, 그리스도께서 누리는 이 기쁨은 자기 지체인 교회에 끊임없이 선을 행하시고 은혜를 베푸시는 행위로부터 비롯됩니다. 다시 말해, 사도가 말하는 바와 같이 모든 긍휼과 은혜와 위로와 지복으로 그들을 채우심으로 스스로 더욱 충만한 기쁨을 누리십니다. 그리고 자기 몸된 교회를 충만케 하심으로 누리는 이런 기쁨 또한 본성적인 유업과 마찬가지로 그리스도께서 누리는 또 다른 유업입니다. 이처럼 그리스도께서 누리는 유업은 이중적입니다. 우리의 구원을 위해 그 어떤 일도 하시기 전인 성육신의 처음 순간과 같은 하나님의 아들로서 그리스도에게만 주어진 본성적 유업이 하나요, 이 땅에서 위대한 섬김과 순종으로 얻으시고 획득하신 것이 또 다른 유업입니다. 따라서 그리스도에게는 자신의 본성적 영광 외에도 자기 교회의 머리로서 받는 영광과 중보자의 직분으로 받는 영광이 있는 것이 분명합니다. 본성의 영광만으로도 더할 나위 없이 충만한 분임에도 불구하고 그리스도에게는 아래로부터 오는 영광, 다시 말해 자신의 몸된 교회가 구원과 유익을 누림으로부터 오는 영광을 멸시하지 않으십니다.

**둘째**, 이제는 지금까지 말씀드린 것을 확증하고 증명해 보이겠습니다. 그리스도의 몸된 지체들이 그의 죽음이라는 값을 주고 산 것을 받아 누리면서 그리스도께서 본성적으로 누리시는 영광에 덧붙여진 이 영광과 복도 계속해서 더해지고 확장됩니다. 다시 말해, 그들이 사죄함을 받고, 마음이 더욱 거룩하게 되고, 영혼이 위로를 누릴수록 그리스도께서는 자기가 수고한 것의 열매를 보고 즐거워하십니다. 이를 통해 그리스도께서 더욱 영광을 받습니다. 그렇습니다. 신자들은 자신이 수고함으로 얻은 것으로 기뻐합니다. 그리스도는 그것들을 보시고 훨씬 더 기뻐하고 즐거워하십니다. 그리스도께서 이 땅을 살아가는 자기 자녀들을 더욱 사랑하고 돌보시고 매 순간 그들의 삶을 윤택하게 하고 새롭게 하십니다. "나 여호와는 포도원지기가 됨이여. 때때로 물을 주며 밤낮으로 간수하여 아무든지 이를 해치지 못하게 하리로다"라고 말한 이사야의 말은 당연합니다.사 27:3 그래서 그리스도는 이 땅의 자기 사람들에게 은혜와 사랑을 나타내시고 선을 베푸십니다. 그것은 곧 자기 자신을 유익하게 하는 것이고, 이 땅에서 가장 분명한 혼인입니다. 바로 이런 토대 위에서 사도는 에베소서 5장에서 남편들에게 자기 아내를 사랑할 것을 독려합니다. 자기 아내를 그렇게 사랑하는 것은 결국 자기 자신을 사랑하는 것이기 때문입니다. "이와 같이 남편들도 자기 아내 사랑하기를 자기 자신과 같이 할지니 자기 아내를 사랑하는 자는 자기를 사랑하는 것이라."28절 아내를 향한 남편의 사랑은 이처럼 긴밀하고 섬세합니다. 그리스도 역시 자기 교회를 이렇게 사랑합니다. 그래서 사도는 이 말씀에서 자기 교회를 향한 그리스도의 사랑을 아내를 향한 남편의 사랑을 위한 모범과 정형으로 제시합니다. "그리스도께서 교회를 사랑하시고."25절 이 말씀을 종합해 보면 그리스도께서는 자기 교회를 사랑하심으로 바로 자기 자신을 사랑하시는 것이라고 말할 수 있고, 따라서 자기 몸의 지체들에게 더 많은 사랑과 은혜를 베푸실수록 자기 자신을 향한 더욱 큰 사랑을 나타내시는 것입니다. 그래서 "이는 곧 물로 씻어 말씀으로 깨끗하게 하사 거룩하게 하시고"26절라고 하십니다. 그리스도께서 날마다 자기 교회를 죄책과 죄의 권세로부터 깨끗하게 하사 "티나 주름 잡힌 것이나 이런 것들이 없이 거룩하고 흠이 없게"27절 하신다고 합니다. 누구 앞에 세우려고 그렇게 하십니까? 자기 앞에 세우기 위해서입니다. 그리스도께서 자기 지체들을 위해 하시는 모든 일은 그들보다는 자기 자신을 위한 것이라고 하는 것이 더 정확하고 제대로 된 묘사입니다. 그리스도께서 교회를 통해 누리시는 영광은 자기 지체들인 교회가 누리는 영광보다 훨씬 큽니다. 영광의 원천이 가진 영광과 그 영광을 받아 누리는 결과의 차이는 너무나 큽니다. 그래서 성도들을 "그리스도의 영광"이라고 말합니다.고후 8:23 요한복음 17:13과 22-23절에서도 그리스도는 성도들 가운데서 영광을 받으신다고 합니다. 왕의 권세와 위엄을 가진 솔로몬을 통해 그리스도를 말하는 시편에서는 왕비의 "아름다움을 사모"하는 분으로 묘사합니다.시 45:11 이것은 성도들에게 있는 은혜를 그리스도께서 그렇게 기뻐하고 사모하신다는 말입니다. 그냥 좋게 생각하고 기뻐하는 정도가 아니라 '사모하신다'고 합니다. 신부의 아름다움이 더해질수록 신부를 향한 그리스도의 사모함 역시 더해집니다. 신부가 신랑을 따라 더욱 거룩하게 됩니다. "네 백성과 네 아버지의 집을 잊어버릴지어다. 그리하면 왕이 네 아름다움을 사모하실지라."시 45:10-11 신부인 우리에게 아름다움이 있을 뿐 아니라 그리스도 또한 자기를 기쁘게 하는 아름다움이 있습니다. 물론 종류는 다르지만 우리에게 아름다움이 있는 것과 마찬가지로 그리스도에게도 자신이 기뻐하는 아름다움이 있습니다. 그래서 그리스도께서는 자기 신부의 얼굴에 티나 주름 잡힌 것이 전혀 없도록 쉬지 않으십니다. 앞에서 사도가 말한 것처럼 '자기 앞에 영광스러운 모습으로 세우기' 위해서입니다. 다시 말해, 보시기에 기쁘고 즐거운 모습으로 세우기 위해서입니다. 이 사실을 더욱 분명히 확증하기 위해 그리스도께서는 하늘로 가시기 전 행하신 엄숙하고도 장엄한 고별 설교에서 자기 마음은 제자들을 절대로 떠나 있지 않을 뿐 아니라 그분의 기쁨은 여전히 그들 가운데 있어 그들이 번영하고 열매 맺는 것을 볼 것이라고 확증하십니다. “아버지께서 나를 사랑하신 것 같이 나도 너희를 사랑하였으니 나의 사랑 안에 거하라.”요 15:9 예수님은 제자들을 떠나 하늘로 가신 후에도 그들을 향한 사랑이 계속될 것을 거듭 확인해 주십니다. 내가 하늘로 간 후에도 너희를 향한 나의 사랑은 변함이 없을 것이니 안심하고 너희 본분을 행하라고 하십니다. 또한 이 사실을 분명히 확증하기 위해 그리스도께서는 심지어 하늘에서 하나님의 보좌 우편 충만한 기쁨 가운데 있을 때조차도 여전히 그리스도의 기쁨은 제자들과 함께 있고 그들의 기쁨을 충만하게 하는 것이라고 합니다. “내가 이것을 너희에게 이름은 내 기쁨이 너희 안에 있어 너희 기쁨을 충만하게 하려 함이라.”요 15:11 마치 자녀들과 잠시 작별을 고하면서 자신이 떠나 있는 동안 자신이 명한 대로 계명을 지켜 바른 길로 행하고 서로 우애 있게 지내도록 당부하는 아버지처럼, 그리스도께서는 자신의 기쁨이 제자들 가운데 있어 그들의 기쁨이 충만하도록 그의 계명을 지켜 서로 사랑하라고 하십니다.

이 말씀을 좀 더 살펴보겠습니다. 그리스도의 사랑 안에 제자들이 거하고, 그리스도의 기쁨이 그들 안에 거한다고 할 때 사용된 **거하다**는 말은 하늘에서도 제자들과 관련된 서로 간의 이 행위가 지속될 것을 가리킵니다. 그리스도께서 “내 기쁨이 너희 안에 거하고”(요 15:11, KJV, “있어”, 개역개정—옮긴이)라고 하셨을 때 이는 마치 너희가 하나가 되어 서로 사랑하고 내 계명을 지킨다는 소리를 들으면 하늘에서도 너희로 인해 내 기쁨이 끊이지 않을 것이라는 말씀입니다. 여기서 그분께서 그분의 기쁨,

즉 '**나의** 기쁨'이라고 부른 것은 **객관적인**(objective) 것으로, 다시 말해 그분 안에 있는 그들의 기쁨으로, 기쁨의 대상(object)으로 이해해서는 안 됩니다. 오히려 **주관적인**(subjective) 것으로, 그분 안에 있을 (것으로 여겨지는—옮긴이) 기쁨, 그들로 인해 그분이 가지실 기쁨으로 이해해야 합니다. 그래서 아우구스티누스는 예전부터 이 말씀을 다음과 같이 해석했습니다. "우리로 인한 그리스도의 기쁨이란 것은 그분이 우리를 위해 우리에게 주신 것이 아니고 무엇이겠는가?"(Quidnam est illud gaudium Christi in nobis, nisi quod ille dignatur gaudere de nobis?) 그렇지 않고 만약 이 기쁨이 첫 문장의 의도대로 제자들의 기쁨을 가리킨다면 '너희 기쁨을 충만하게 하려 함이라'는 말씀은 동어반복이 됩니다. 그래서 지금 그리스도께서는 자신의 기쁨과 제자들의 기쁨을 서로 구별되는 두 가지 기쁨으로 말씀합니다. 이 두 기쁨은 그의 제자들을 순종으로 일깨우고 격려하기 위해 그들에게 줄 수 있는 가장 큰 동기였습니다. 이와 관련해 그리스도 안에서 유사성이 그리 크지 않은 두 명의 거룩한 사도인 바울과 요한의 말씀으로부터 이 말씀에 담긴 그리스도의 마음을 살펴보겠습니다. 그리스도와 직접 누리는 교제 다음으로 이 땅에서 이 두 사도가 누린 가장 큰 즐거움은 바로 자신들이 해산의 수고를 통해 그리스도에게 낳은 신자들의 마음과 삶에서 사역의 열매가 나타나는 것이 아닙니까? 바울 사도가 데살로니가 교인들에게 하는 말을 들어 보십시오. "우리의 소망이나 기쁨이나 자랑의 면류관이 무엇이냐 그가 강림하실 때 우리 주 예수 앞에 너희가 아니냐 너희는 우리의 영광이요 기쁨이니라."살전 2:19-20 사도 요한 역시 요한삼서 3절에서 가이오에 대한 선한 증거를 듣고 크게 기뻐했다고 비슷한 말을 합니다. 그래서 사도 요한은 "내가 내 자녀들이 진리 안에서 행한다 함을 듣는 것보다 더 기쁜 일이 없도다"라고 합니다.요삼 4 사도 바울과 요한은 저들의 편지를 받는 신자들이 믿고 그리스도인으로 거듭나는 데 쓰임받은 도구에 불과했습니다. 두 사람 모두 그들을 위해 십자가에 못 박히지 않았으며, 이 신자들 또한 비록 영혼으로 낳은 자녀였지만 그들의 친자녀는 아니었습니다. 하지만 신자들의 순종과 그들에 대한 선한 증거에 사도들이 얼마나 기뻐하는지 보십시오. 그러므로 우리와 우리의 안녕에 대한 관심과 이해가 사도들보다 무한히 크시고 자기 몸의 지체인 우리로 자신의 즐거움과 면류관 삼으신 그리스도의 기쁨은 이보다 얼마나 크실지 더 말해 무엇하겠습니까? 은혜와 긍휼을 바라고 저들이 자기에게 나아와 진리 가운데 행하는 것을 보는 것은 그리스도를 더욱 기쁘시게 합니다. 이는 바로 자기 영혼이 수고한 것을 보는 것이요, 이를 만족하게 여기시기 때문입니다. 솔로몬이 "지혜로운 아들은 아비를 기쁘게 하거니와"라고 한 잠언 10:1의 말씀은 그리스도에게 더욱 적절한 말씀입니다. 이 땅을 살아가면서 우리 영혼이 누리는 거룩하고 위로 넘치고 풍성한 열매 맺는 삶은 과연 우리의 "영존하시는 아버지"이신 그리스도의 마음을 흡족하게 합니다.사 9:6-옮긴이 그리스도께서 친히 하신 말씀입니다. 그러니 이 말씀을 믿고 합당하게 행할 것을 간구합시다. 우리가 이 땅에서 번성하고 잘되는 것이 그리스도께서 하늘에서 누리시는 기쁨의 한 부분이라면 우리를 향한 그리스도의 사랑이 하늘에서도 여전히 계속됨을 의심하지 마십시오. 자신을 향한 사랑으로 계속해서 우리를 사랑하시고, 은혜와 긍휼을 바라고 자기에게 나아가는 우리를 기꺼이 받으실 것이기 때문입니다.

5. 다섯 번째 약속된 관계는 그리스도—우리의 인간 본성을 하늘에서도 여전히 입고 계시며 하나님께서 정하신 목적과 의도를 자기 것으로 받아들이신 그리스도—에게서 모든 것이 영원히 지속되리라는 약속입니다. 우리의 본성이 삼위의 두 번째 위격과 영원토록 인격적인 연합을 이루게 하신 위대한 목적 가운데 하나는 그리스도께서 긍휼이 풍성한 대제사장으로 계시도록 하기 위해서입니다. 그리스도께서 사람의 몸을 입은 것이 제사장으로서 그의 직분에 요구되는 의무인 것처럼, 사람이 되신 그리스도는 이 직분을 갖고 행하기에 합당하고 또한 이 부분을 훨씬 더 잘 드러내기에 충분합니다. 그리스도께서 사람의 몸을 입으사 우리와 같이 되신 것은 우리의 대제사장에게 요구되는 일일 뿐 아니라 우리를 더욱 불쌍히 여기고 사랑하도록 하는 일입니다. 이 또한 그리스도께서 인간의 몸을 입도록 정하신 하나님의 위대한 목적 가운데 하나입니다.

**첫째**, 이것은 대제사장으로서 죄인들을 더욱 불쌍히 여기도록 하기 위해서입니다. "대제사장마다 사람 가운데서 택한 자이므로 하나님께 속한 일에 사람을 위하여 예물과 속죄하는 제사를 드리게 하나니."히 5:1 제사장에게 가장 중요한 자질을 언급하기 위해 앞에서 이 구절을 다루면서도 이 자질에 대해서는 언급을 하지 않았습니다만 이제는 말씀드리겠습니다. 제사장은 백성들과 동류 가운데 하나로 진심에서 우러나는 긍휼과 친절함으로 "무식하고 미혹된 자를 능히 용납할 수" 있도록 정해집니다.히 5:2 그렇지 않았으면 우리와 같은 본성을 가진 자 중에서 하나가 대제사장이 될 필요가 없을 것이며, 우리보다 더 위대하고 고상한 본성을 가진 천사가 대제사장이 되었을 것이고, 그런 대제사장이라면 사람들이 자기와 동류요, 같은 본성을 가진 형제들을 불쌍히 여기는 것처럼 우리를 불쌍히 여기지 않았을 것입니다.

**둘째**, 이것은 또한 그리스도로 우리의 본성을 입도록 정하신 하나님의 뜻과 목적이었습니다. 앞에서 인용한 히브리서 2:16-17 말씀이 이를 잘 보여줍니다. "천사들을 붙들어 주려 하심이 아니요. 오직 아브라함의 자손을 붙들어 주려 하심이라." 그리스도께서 천사의 본성이 아닌 사람의 본성을 입고 아브라함의 자손으로 오셨습니다. 우리와 동일한 사람의 본성을 입으사 "범사에 형제들과 같이 되심이 마땅하도다. 이는 하나님의 일에 자비하고(ἱνα ἐλεημων γηνηται) 신실한 대제사장이 되어 백성의 죄를 속량하려 하심이라."

그러나 (혹자들이 말하는 것처럼) 하나님의 아들은 우리의 본성을 입기 전에는 우리의 본성을 입으신 후처럼 자비하지 않으셨습니까? 아니면 인간의 본성을 입으심으로 그전보다 긍휼이 더 커졌다는 말입니까?

그렇습니다. 그분은 자비로운 분이라고 나는 대답하겠습니다.

그러나 [1] 하나님은 영원히 인간이 되신다는 사실로부터 인간을 향한 하나님의 자비도 영원히 지속된다는 사실을 지금까지 우리는 분명한 논증으로 설명했습니다. 이 논증은 인간에게 할 수 있는 가장 위대한 논증일 것입니다. 그래서 그분은 자신의 본성을 가진 인간들을 향해 자비를 베푸실 것을 우리는 확신하게 됩니다. 왜냐하면 그분께서 우리의 본성과 영원히 연합하셨기에 그분의 긍휼 또한 영원히 지속되리라는 사실이 우리에게 인쳐졌기 때문입니다. 이제 그분은 인간이 되는 것을 중단할 수 없는 것처럼 인간에게 긍휼 베풀기를 중단할 수도 없을 것입니다. 절대로 그럴 수 없을 것입니다. 이것이 그 가정의 끝입니다.

[2] 하지만 그것이 다가 아닙니다. 그리스도께서 우리의 본성을 입으심으로 우리의 믿음이 더해지는 것은 물론, 우리는 잘 모르지만 어떤 식으로든 그리스도의 긍휼하심도 더해집니다. 그래서 성경은 그리스도께서 "범사에 형제들과 같이 되심이 마땅하도다.……자비하고 신실한 대제사장이 되어"라고 하십니다. 히 2:17-옮긴이 사람과 같이 되지 않은 하나님 자신의 본성으로는 결코 이루어질 수 없는 자비의 방식, 다시 말해 사람들과 동류로서 그들을 불쌍히 여기는 것을 말합니다. 이를 위해 하나님께서는 하나님과 사람이라는 두 본성의 연합을 계획하셨고 우리 영혼을 치료하고 구원하는 데 전적으로 적합하고 필요한 전무후무한 은혜와 긍휼의 조합을 만드셨습니다. 하나님의 긍휼 가운데 가장 위대한 것이 우리에게 부어지는 긍휼의 보고가 됩니다. 그리스도께서 입으신 인성 때문에 이런 긍휼의 위대함에 무엇

이 더해진다는 말이 아닙니다. 그럴 수도 없습니다. 오히려 인성을 지닌 그리스도께서는 그의 신성에 있는 모든 긍휼을 다 가지고 계신다고 하는 것이 맞습니다. 사람으로서 그리스도께서 하나님의 긍휼로 우리를 향한 자신의 마음을 크게 하시지 않았다면 우리를 향한 자비로운 마음을 영원토록 나타내지 못했을 것입니다. 하지만 그리스도께서 입으신 인성으로 인간을 긍휼히 여기는 새로운 길이 열렸습니다. 그가 입으신 인성에 하나님의 모든 긍휼을 통합하심으로 인간의 긍휼이 되게 하사 인간인 우리의 필요와 소용에 맞도록 하신 것입니다. 그래서 하나님께서는 지금 인간의 동류를 불쌍히 여기는 것처럼 자연스럽고 실제적인 방식으로 그의 살 중의 살이며 그의 뼈 중의 뼈(엡 5:30, KJV 참조—옮긴이)인 우리를 불쌍히 여기십니다. 그래서 우리는 그분에게 나아갈 힘을 얻고, 하나님과 친근하게 되며, 하나님은 마치 사람이 사람에게 행하듯이 그렇게 은혜와 긍휼로 우리를 대하십니다. 또한 인간이신 예수 그리스도(우리가 믿는 분입니다) 안에 하나님이 거하시며, 그분의 긍휼은 인간의 마음과 같은 그분의 마음 안에서 그리고 그분의 마음을 통해 역사하신다는 사실을 우리는 알게 됩니다.

이 문제에 대해서는 여기서 더 이상 다루지 않겠습니다. 왜냐하면 이어지는 제3부에서 다시 다루고 보충할 기회가 있을 것이기 때문입니다. 이와 함께 그리스도의 마음이 죄인들에게 영향을 끼치는 그 방식을 살펴보고자 합니다. 이 문제가 우리 신앙에 주는 위로—그리스도가 계속해서 자비로운 분이 아니라면, 그분이 인간이 되신 것을 이제는 중단해야만 한다는 인식이 주는 위로—가 얼마나 큰 것인지 주목하기만 한다면, 우리는 다음과 같은 사실을 알게 됩니다. 즉, 그분이 인간이 되신 바로 그 계획은 우리에게 자비를 베풀기 위한 것이며, 우리의 마음이 경험하는 것과 같은 너무나 친밀한 방식—이 방식이 아니었다면 하나님께서 우리를 이해할 수 없었을 방식—으로 우리를 이해하기 위해서입니다. 그리고 여기에 비록 담대한 말이긴 하지만 참된 말인 다음과 같은 말을 더하십시오. '이제 그분이 인간이기를 중단한다면, 이것은 그분이 하나님이기를 중단하는 것과 같다.' 그분은 인성을 취하셨습니다. 이후 그 인성은 하나님의 아들에 합당한 모든 본성적 권한으로 높임을 받았습니다. 그래서 그 인성(이제는 그분에게 자연적인 본성이 되었습니다)은 영원히 연합되어 지속됩니다. 그분은 기꺼이 자비를 베푸십니다. 그런데 이런 자비가 중단된다면, 그것은 그분의 존재 자체가 중단되는 것과 같습니다. 그리스도의 직분이라는 시각뿐 아니라 그분이 우리의 본성을 취하신 의도 등을 통해 그분께서 우리에게 하신 약속의 관계가 더 분명해지며, 이것은 앞에서 다룬 모든 관계보다 더욱 강력한 관계입니다.

"우리에게 있는 대제사장은 우리의 연약함을 동정하지 못하실 이가 아니요. 모든 일에 우리와 똑같이 시험을 받으신 이로되 죄는 없으시니라."히 4:15

## Ⅰ. 그리스도의 마음은 우리의 연약한 감정에 감동받으신다. 이와 함께 우리의 연약함이 그분의 마음에 감정적으로 유입되는 방식에서도 그분의 마음은 감동받으신다. 이를 명확히 이해할 수 있는 몇몇 일반 사항들

지금까지 우리는 하늘에 계신 그리스도께서 우리를 향해 가진 마음이 이 땅에 계실 때의 자애로운 마음과 전혀 다르지 않다는 것을 외적 논증(제1부)과 내적 논증(제2부)으로 충분히 살폈습니다. 이제부터는 위의 제목(Ⅰ. 그리스도의 마음은 우리의 연약한 감정에 감동받으신다.……—옮긴이)과 같이 그리스도의 마음이 우리에게 어떻게 이해되는지 그리고 그러한 감정이 그분의 마음에 유입되어서 우리를 향한 깊은 연민의 감정으로 어떻게 역사하는지를 살펴보겠습니다. **제2부**를 시작하면서 제가 언급하며 다루었던 내용은 이 본문의 개요와 결론을 위해서 필수적인 것이었으며, 이 문제 자체를 명확히 하고 쟁점을 드러내기 위한 설명이었습니다. 그때 살펴본 것처럼, 이 말씀은 하늘에서 몸과 영이 영화롭게 된 그리스도는 이제 더 이상 이 땅에 계실 때처럼 죄인을 향한 연민과 사랑을 느낄 수 없을 것이라는 의구심이나 반론을 차단하는 말씀으로 주어졌습니다. 누구나 이런 의구심에 쉽게 빠질 수 있다는 것을 사도는 너무나 잘 알았기에 오히려 '우리에게 있는 대제사장은 우리의 연약함을 동정하지 못하실 이가 아니요'라고 하면서 그가 능히 우리의 연약함을 동정**하실 수 있다**고 위의 의구심과는 정반대의 사실을 단언할 뿐 아니라 '모든 일에 우리와 똑같이 시험을 받으신 이'라고 말함으로써, 그리스도께서 그렇게 하실 수 있는 이유를 보이면서 위의 의심을 미연에 차단합니다.

아주 어려운 일이긴 하지만 이런 말씀들을 하나하나 살피는 가운데 이 땅의 죄인을 향한 그리스도의 마음이 어떤지를 조심스럽게 다음과 같이 차근차근 살펴보겠습니다.

1. 여기서 말하는 그리스도에게 있는 우리를 긍휼히 여기는 마음, 다시 말해 '우리의 연약함을 동정하는' 그리스도의 마음을 구약성경에서는 하나님께서 '긍휼히', '측은히', '한탄하사 마음

에 근심하며', '괴로워하셨다'는 등으로 표현합니다. 하지만 이를 신인동형의 유비나 은유적인 의미로 해석해서는 안 됩니다. 구약성경에서 표현된 하나님의 이런 묘사는 우리의 이해를 돕기 위한 의인화(καθ' ἀνθρωπωπαθειαν)의 표현일 뿐입니다. 부모님이나 친구들을 자극할 만한 특정한 상황에서 예상되는 감정을 우리가 생각하듯이, 곤경에 처한 우리를 하나님이 어떻게 대하실지를 우리가 알도록 하기 위해 이런 표현을 사용합니다. 따라서 구약성경에서 하나님을 주체로 하는 이런 표현들은 하나님께서 그런 상황을 어떻게 보시는지를 **결과 형식으로**(per modum effectus) 말하는 것이지 **감정**(affectus)이 아닙니다. 이런 감정들은 하나님께 있을 수 없습니다. 그러나 그리스도의 마음을 묘사하는 이런 표현들을 바로 이해하기 위해 지금 내가 우선적으로 단언하는 것은 그리스도와 관련된 마음의 표현들까지 신인동형적인 유비나 은유로 해석해서는 안 된다는 것입니다. 다음 두 가지를 종합해 볼 때 그렇게 말할 수 있습니다.

**첫째**, 본문에서 표현된 우리를 향한 그리스도의 마음은 그에게 있는 신성만을 가리키지 않습니다. 오히려 그의 인성을 가리키는 것이 분명합니다. 지금 우리가 시험받는 것과 마찬가지로 그분이 시험받으셨을 때의 본성을 말하고 있기 때문입니다. 이것은 그리스도의 인성을 가리켜 말하는 이어지는 말씀에서도 분명히 드러납니다.

**둘째**, 언급한 우리의 본성을 입기 전의 하나님과 관련된 표현은 적절치 않습니다. 왜냐하면 그분은 지금 인간의 본성을 입고 우리와 같은 참 사람으로 계시기 때문입니다. 그 표현들은 "사람의 예대로" 갈 3:15-옮긴이 사용된 유비적이고 은유적인 표현들이기에 더 이상 실제적이지도 합당하지도 않을 뿐더러, 상상할 수도 없는 일입니다. 앞에서 주장한 대로 그리스도께서 인간의 본성을 입고 범사에 자기 형제들과 같이 되신 이유는 "자비하고 신실한 대제사장이 되어 백성의 죄를 속량하려 하심이라" 히 2::17-옮긴이는 사실을 기억하고 깊이 생각할 때 신성만을 가지신 하나님을 가리키는 것이 아님을 알 수 있습니다. "이는……오직 아브라함의 자손을 붙들어 주려 하심이라." 히 2:16 얼핏 보면 이 표현은 우리의 본성을 입으신 것 때문에 하나님이 보다 긍휼하게 되신 것처럼 들립니다. 그러나 인간의 본성을 입으심으로 하나님의 긍휼하심이 새로운 방식으로 나타나게 되었고, 이를 힘입어 우리가 누리는 믿음의 격려와 위로로 이제는 우리가 실제적이고 효과적으로 참 사람이신 하나님의 자비를 누린다고 말합니다. 그래서 이런 의구심이 해소됩니다. 이 사실을 숙고할 때 비로소 하나님은 스스로 너무도 복되고 완전한 분이시기 때문에 미약하기 그지없는 우리의 연약함으로는 그분의 복되심을 전혀 누리지 못할 뿐더러 본질상 신성을 지닌 하나님께는 연민이나 긍휼과 같은 감정이 전혀 있을 수 없다는 의구심, 즉 지금 우리가 다루는 난제가 해소됩니다. "하나님은 사람이 아니시니 거짓말을 하지 않으시고 인생이 아니시니 후회가 없으시도다." 민 23:19-옮긴이 우리를 딱하게 여기는 사람이 우리에게 하는 것처럼 우리가 곤궁한 처지에서 신음할 때 하나님도 실제로 우리에게 그렇게 하실 수 있습니다. 하지만 불쌍히 여기는 깊은 동정과 같은 감정 자체는 그렇지 않습니다. 그래서 하나님께서 사람의 본성을 입으신 목적이 여러 가지가 있지만 그중에 하나가 바로 사람이 다른 사람에 대해 느끼는 것처럼 하나님께서 사람들을 사랑하고 동정하기 위함입니다. 그렇다면 구약성경에서 우리의 이해를 돕기 위해 이스라엘에 대한 하나님의 마음과 관련하여 사용된 유비적이고 은유적인 표현들을 이제 우리는 그대로 하나님께 사용할 수 있습니다. 하나님께서 참 사람으로서 영원토록 자기 사람들을 불쌍히 여기시고 우리의 연약함을 깊이 동정하신다고 말할 수 있을 것입니다. 이처럼 그리스도 안에서 구약의 모든 그림자가 성취된 것처럼, 구약성경에서 상징으로만 사용되던 표현들이 그리스도 안에서 이루어진 신성과 인성의 복된 연합으로 이 연합의 진리가 실증됩니다. 그래서 이런 논의는 하나님에게 돌려진 표현을 통해 그리스도에 대한 표현을 이해하는 첫걸음이 됩니다.

2. 이 사실을 좀 더 잘 이해하기 위한 두 번째 단계는 천사와 그들에게서 발견되는 사랑과 불쌍히 여기는 마음을 사람의 본성을 입으신 그리스도의 마음과 비교하는 것입니다. 사람의 본성을 입으신 그리스도에게 있는 자기 사람들을 향한 마음은 영화롭게 되었음에도 불구하고 천사들이 가진 마음보다 우리가 가진 마음에 훨씬 더 가까울 수밖에 없습니다. 뿐만 아니라 우리가 가진 마음보다 훨씬 더 온화하고 인간적입니다. '그러므로 그가 범사에 형제들과 같이 되심이 마땅하도다. 이는 하나님의 일에 자비하고 신실한 대제사장이 되어.' 또한 그분은 혈과 육을

지니셨다고 합니다. “자녀들은 혈과 육에 속하였으매 그도 또한 같은 모양으로 혈과 육을 함께 지니심은.”히 2:14 이것은 자기 사람들을 긍휼히 여기는 마음으로 그리스도께서 영영히 우리에게 더 가까이 오시고 우리가 서로를 불쌍히 여기는 것과 같은 마음을 갖기 위해서입니다. 그분께서 혈과 육을 취하지 않았더라면, 사람의 본성이 아닌 천사의 본성을 입는 것이 더 고상하고 영광스런 대제사장이 되는 길이었을 것입니다.

물론 천사들은 요한계시록의 천사처럼 자신을 일컬어 우리와 함께 종된 자들이라고 합니다. “나는 너와 네 형제 선지자들과 또 이 두루마리의 말을 지키는 자들과 함께 된 종이니.”계 22:9 그래서 본질상 하나님보다 더욱 우리와 동질감을 느끼고 우리의 비참함에 하나님보다 더욱 영향을 받는 것이 사실입니다. 영적 존재들임에도 불구하고 천사들은 우리가 가진 연민, 슬픔 등과 같은 감정에 해당되는 이와 유사한 어떤 것을 가지고 있습니다. 그래서 이 감정이 우리 영혼에 자리하고 우리 영혼이 육체의 정욕에 사로잡히지 않는 한, 이런 감정은 천사들 안에 있는 것과 같은 종류의 감정들입니다. 그래서 사람들 안에 있는 욕심이 마귀들 속에도 있다고 성경은 말합니다.요 8:44 마귀들도 두려워 떤다고 합니다. 역으로, 사람들 안에 있는 영적이며 영혼에 자리한 동일한 감정이 선한 천사들 안에도 있는 것이 분명합니다. 하지만 영과 몸으로 이루어져 본질상 우리와 동일한 본성을 입으신 그리스도께서는 영화롭게 되셨음에도 불구하고 영적인 존재가 되신 것은 아닙니다. 그리스도께서는 무덤에서 다시 살아나신 뒤 친히 "영은 살과 뼈가 없으되 너희 보는 바와 같이 나는 있느니라"고 하셨습니다.눅 24:39 그렇다면 그리스도께서 우리를 향해 가지신 마음은 천사들이 가진 것보다 우리에게 더 가까운 것이 분명합니다. 지금까지 우리는 이 두 단계를 통해 이미 영화롭게 되었지만 그리스도의 인성에 자리한 연민과 긍휼의 마음은 구약에서 하나님께 있는 것으로 은유적으로 언급한 마음이 아닌 그 안에 실재하는 참된 연민과 자비의 마음이며, 그리스도에게 있는 이 마음은 천사들보다 우리 마음에 더 가깝고 유사하며, 사람의 본성에 합당한 참으로 인간적인 감정이라는 것을 확인했습니다. 또한 그리스도께서 처음 인간의 본성을 입으셨을 때부터 가졌을 것이 분명한 이 마음은 그때나 지금 하늘에서 계실 때나 마찬가지로 영화로운 마음이 분명합니다.

3. 이제 세 번째로 여기서 한 걸음 더 나아가, 그리스도께서 인간 본성과 우리의 모든 연약함과 함께 우리와 마찬가지로 수십 년을 이 땅에서 살게 하시다가, 지금 하늘에서도 영광으로 옷 입기에 앞서 인성을 입도록 정하신 분이 하나님이라는 사실입니다. 하나님은 이 기간 동안 그리스도로 하여금 우리가 이 땅을 살면서 겪는 온갖 고난과 비참함을 겪게 하셨고, 이를 통해 그분은 우리가 겪는 모든 슬픔과 질고를 친히 아셨습니다. 그리스도는 우리 모두가 겪을 모든 비통함을 깊이 절감하여 알고(그러나 죄는 없으십니다), 언제라도 우리 안에서 일어나는 이런 모든 비통함 아래서 우리가 겪는 것과 동일한 마음을 느끼고 모든 연약함과 섬세함 가운데 사셨습니다. 그리스도께서 자기 영광 가운데

그분의 마음이 본문에서 말하는 느낌과 감정에 합당하게 준비되도록 하나님께서 그렇게 정하신 것입니다. 앞에서 언급한 히브리서 2:13과 마찬가지로 다음 본문 역시 하나님께서 그리스도에 대해 왜 그렇게 정하셨는지를 말씀합니다. "자녀들은 혈과 육에 속하였으매 그도 또한 같은 모양으로 혈과 육을 함께 지니심은……그가 범사에 형제들과 같이 되심이 마땅하도다. 이는 하나님의 일에 자비하고 신실한 대제사장이 되어."히 2:14, 17 그리고 사도는 그 이유를 말합니다. "그가 시험을 받아 고난을 당하셨은즉 시험 받는 자들을 능히 도우실 수 있느니라"히 2:18 앞에서 해석한 것처럼 자신이 친히 겪은 데서 우러나는 '시험 받는 자들을' 기꺼이 돕고자 하는 마음과 또 '능히 도울 수' 있는 능력을 말합니다. 앞서 말한 것처럼, 그리스도께서 인간 본성을 취함으로 우리가 처한 비참함을 아시고 진실로 그리고 실제로 우리를 향한 애정이 넘치게 되었고, 또한 천사들에게 있는 불쌍히 여기는 마음이나 하나님께 있는 의인화된 마음—구약에서 하나님이 우리를 불쌍히 보신다고 할 때 신성으로 계신 하나님의 불쌍히 여기는 마음—보다 인간에게 있는 동류를 불쌍히 여기는 그리스도의 마음이 우리에게 훨씬 가깝습니다. 그럼에도 불구하고, 그리스도께서 경험을 통해 우리를 온전히 동정하게 되었다는 것이 그저 인간 본성을 취한 것만을 말하는 것은 아닙니다. 오히려 한 걸음 더 나아가 처음 우리의 연약함과 더불어 인간의 본성을 입으시고 우리와 같이 이 세상에 사심으로 그분의 마음이 경험을 통해 우리 자신의 가슴과 심장에 영원토록 합당하게 되었습니다. 인간의 곤경을 알기만 한 것이 아니라, 자기와 동류인 인간을 향한 감정에 영향을 받는 분으로서 자신이 겪었던 동일한 마음들을 경험적으로 기억합니다. 또한 이 본문 역시 우리의 비탄이 지금 하늘에 계신 그리스도의 마음에 더욱 실감나게 전달되는 통로를 제시합니다. '우리에게 있는 대제사장은 우리의 연약함을 동정하지 못하실 이가 아니요. 모든 일에 우리와 똑같이 시험을 받으신 이로되 죄는 없으시니라.' 여기서 사도는 그리스도께서 당하신 시험의 범위와 방식을 언급합니다. 우리는 이 말씀을 주목할 때 더 큰 위로를 얻습니다. 첫째, 시험의 내용에 있어서 사도는 그리스도께서 '모든 일'(κατα παντα)에 시험을 받으셨다고 합니다. 우리가 겪는 온갖 종류의 시험을 다 당하셨다는 말입니다. 둘째, 그렇게 시험을 당하신 방식입니다. 그리스도께서 모든 일에 시험을 받았다고 할 뿐 아니라 '우리와 똑같이'(καθ ὁμοιοτητα) 시험을 받으셨다고 합니다. 모든 일에 우리와 똑같이 시험을 받으신 그리스도의 마음 역시 시험당할 때의 우리의 마음과 마찬가지로 심히 상하고 찔리고 비통하게 되는 등 지극한 영향을 받았습니다. 차이라면 그 모든 과정에 죄가 없으셨다는 것입니다. 하나님께서는 그렇게 의도적으로 그리스도의 마음을 온전히 부서지기 쉽고 악에 쉽게 상하도록 하셨고, 그리스도께서는 그런 마음으로 자신이 당하고 겪는 모든 일을 최대한 깊이 받아들였습니다. 하나님으로부터 오는 것이든 사람으로부터 오는 것이든 자신이 당하는 고난 어느 것 하나도 가벼이 받지 않고 그것이 갖는 최고의 무게 그대로 받아들였습니다. 맞습니다.

자신이 당하는 모든 고난을 하나하나 당하심으로 그분의 마음은 우리 중 어느 누구의 마음보다도 여리고 섬세하게 되었습니다. 다시 말해, 그분의 마음은 사랑과 긍휼로 가득하게 되었습니다. 그래서 그분을 일컬어 "슬픔의 사람"사 53:3, KJV-옮긴이이라고 합니다. 그분이 나기 전에도 그랬고, 그분이 나신 이래로 지금까지도 그랬거니와, 앞으로도 그분과 같은 마음을 가진 사람은 없을 것입니다.

지금까지 우리가 살펴본 것과 성경 본문이 우리에게 암시하는 것들을 통해 우리는 어떻게 우리의 비참함이 그리스도의 마음에 유입되어 그 마음에 우리를 향한 긍휼과 연민을 불러일으키는지 다음과 같이 말할 수 있게 되었습니다.

(1) 인성을 취하여 알고 경험하신 그리스도는 이 땅에 있는 자기 지체들에게 일어나는 모든 일을 주목하시고 그것이 무엇인지 잘 아십니다. 여기에 대해서는 성경 본문이 분명히 말합니다. 사도는 우리를 격려하고 위로하기 위해 그리스도는 '우리의 연약함을 동정하지 못하실 이가 아니요'라고 말합니다. 그리스도께서 우리가 이 땅에서 겪는 일들을 구체적으로 정확히 알지 못한다면 이런 말은 우리에게 위안이 되지 못할 것입니다. 우리가 겪는 일을 아는 정도가 아니라 우리가 겪는 모든 일을 그렇게 자세히 아시는 것이 아니었더라면 무슨 일이든 그 속에서 위로를 받는다는 생각은 하지도 못했을 것입니다. 내게 일어나는 일 가운데 그리스도께서 아시는 것이 무엇이고 모르는 일이 무엇인지 알 길이 없기 때문입니다. 또한 사도는 앞에서 우리가 살펴

본 것처럼 이 땅에서 인성을 입으시고 시험을 받으신 것을 언급함으로 그리스도의 인성과 관련하여 이 사실을 확증합니다. 따라서 다음과 같은 말씀은 "사람이신 그리스도 예수"를 가리킵니다.딤전 2:5-옮긴이 "한 어린양이……죽임을 당한 것 같더라. 그에게 일곱 뿔과 일곱 눈이 있으니 이 눈들은 온 땅에 보내심을 받은 하나님의 일곱 영이더라."계 5:6 성령의 기름부으심을 통해 세상 구석구석 미치지 않는 곳이 없는 그리스도의 섭리의 눈은 해 아래서 일어나는 모든 일을 압니다. 마찬가지로 이 말씀은 일곱 뿔을 말합니다. 눈이 지식을 말하는 것처럼 뿔은 권세를 가리킵니다. 그리고 이 둘 모두 각각 일곱인 것은 만물에 미치는 지식과 권세가 완전함을 나타냅니다. 이 말은 하늘과 땅의 모든 권세가 인자이신 그리스도에게 주어졌다고 성경이 말하는 것처럼, 천지 만물 가운데 일어나는 모든 일에 대한 지식 역시 그리스도에게 주어졌다는 말입니다. 그리스도에게 있는 천지 만물에 대한 지식은 그에게 있는 권세와 마찬가지로 완전하고 절대적입니다. 지식에 대해서만이 아니라 의에 대해서도 그리스도는 해와 같습니다. 해 아래 그 온기와 빛을 피해 숨을 곳이 없는 것처럼 그리스도의 의는 사람들 마음의 가장 은밀하고 어두운 구석을 꿰뚫습니다. 솔로몬이 말한 것과 같은 폐단전 5:13-옮긴이과 마음에 있는 슬픔과 고통을 그리스도는 잘 압니다. 방 한 가운데 걸린 둥근 거울을 통해 일어나는 모든 종류의 일들이나 모든 것들을 즉시 낱낱이 보고 아는 것처럼, 그리스도께서는 자신이 가진 인간 본성을 통해 자신이 다스리도록 세움을 받은 이 세상의 모든 일들을 즉시 낱낱이 아십니다. 특별히 자기 지체들이 겪는 비참함에 대해서는 더더욱 그렇습니다.

(2) 이처럼 그리스도의 인성은 우리의 모든 것을 압니다. "내가 네 행위와 수고와 네 인내를 알고."계 2:2 이런 인성을 가지신 그리스도께서는 자신이 이 땅에서 겪고 느꼈던 것들을 떠올리십니다. 자신이 동일한 상황에서 동일한 비참함 가운데 있을 때 고뇌하고 비통해하던 것을 기억하십니다. 천국이든 지옥이든 이 세상을 떠난 영혼들이 지금 있는 곳에서 이 땅에서 겪었던 일들을 고스란히 기억하는 것처럼 지금 그리스도는 이 땅에서 겪으셨던 일들과 그때의 마음을 고스란히 기억하십니다. 아브라함은 부자의 영혼을 향해 "너는 살았을 때에 좋은 것을 받았고 나사로는 고난을 받았으니 이것을 기억하라"고 합니다.눅 16:25-옮긴이 십자가의 강도는 그리스도에게 "당신의 나라에 임하실 때에 나를 기억하소서"라고 했습니다.눅 23:42-옮긴이 요한계시록에서 그리스도는 "나는……곧 살아 있는 자라. 내가 전에 죽었었노라"고 하십니다.계 1:17-18-옮긴이 그분은 승천 후에도 여전히 자신의 죽음과 죽음의 고통을 기억하고 계십니다. 또한 그 기억으로 아버지이신 성부께 그 고통을 상기시키는 것처럼, 그리스도는 우리가 느끼는 것을 중심으로 동감하십니다. 자신이 겪으신 것을 기억하심으로 당시 자신의 마음과 상황이 고스란히 새롭게 되는 것처럼, 그리스도는 지금 우리가 느끼고 겪는 것을 경험적으로 실감하십니다. 베르길리우스(고대 로마의 시인, B.C.70-B.C.19—옮긴이)의 디도(그리스 신화에 나오는 페니키아의 여왕—옮긴이)가 "불

행이 낯설지 않아, 나는 불행한 이들을 돕는 법을 알았다"(Haud ignara mali, miseris succurrere disco)고 말한 것과 같습니다. 애굽에서 구출되어 가나안 땅으로 들어가는 이스라엘 백성들을 향해 하나님께서 "너희가 애굽 땅에서 나그네 되었었은즉 나그네의 사정을 아느니라"고 하신 것과 같습니다.[출 23:9] 가나안에 들어가면 애굽에서 종살이할 때 겪은 것을 기억하고 나그네를 압제하지 말라고 명령하십니다. 그리스도에 대해서도 같은 말을 할 수 있습니다. 그리스도께서는 비참함 가운데 있는 자기 자녀들의 마음을 너무나 잘 아십니다. 자신도 한때 그들과 동일한 처지에 있었기 때문입니다. 히브리서를 받는 성도들에게 사도가 "너희도 함께 갇힌 것 같이 갇힌 자를 생각하고 너희도 몸을 가졌은즉 학대받는 자를 생각하라"고 한 것과 마찬가지입니다.[히 13:3] 너희도 몸을 가졌으니 세상에 사는 동안 학대받는 자와 같은 처지에 있을 수 있다는 것입니다. 따라서 몸으로 느끼는 모든 감각과 느낌의 원천이신 머리되신 그리스도께서 갇히고 학대받는 저들을 기억하시고, 한때 자신도 몸을 입고 이 땅에 살았기 때문에 저들을 경험적으로 동정하십니다. 이제 우리는 앞에서 살핀 것에서 앞으로 한 걸음 더 나아갔습니다. 그리스도는 인간 본성에 합당하고 실제 감정을 가지고 우리가 느끼는 것처럼 느끼실 뿐 아니라 한때 우리와 같이 되셔서 동일한 연약함 가운데 친히 경험하신 것으로 인해 그 속에서 우리를 향한 동정과 연민이 계속해서 솟아납니다. 이처럼 우리가 처한 비참함에 마음이 저미고 아픈 만큼 그리스도는 우리의 비참함을 중심에서 동감하십니다.

**Ⅱ. 이런 유의 사랑의 감정이 어떤 것인지, 그 위치(자리)—그 감정이 그분의 혼, 즉 영에만 존재하는 것인지, 아니면 전체 인성에 존재하는 것인지—에 관한 다소 개별적인 논의. 몇몇 주의점이 추가됨.**

동정과 연민, 동감과 이해와 같은 감정 혹은 이런 감정으로 인한 중심의 고통을 좀 더 구체적으로 살펴볼 것이 한 가지 남았는데, 그것은 바로 그리스도께서 이런 감정을 느끼는 방식입니다. 단순히 자신이 직접 겪은 것을 기억하고 아는 것을 넘어서서 이런 마음이 그리스도 안에서 일어난다는 사실은 본문을 통해 우리가 명확히 살핀 바입니다. 반드시 전제되어야 할 것은 그리스도는 우리에게 있는 연약함과 같은 연약함으로 어떻게 시험을 당하셨는지 기억하시며 우리의 연약함을 깊이 동정하신다는 사실입니다. 이 땅에서 자신이 겪고 느낀 바에 대한 기억이 우리의 처지와 형편을 더욱 동정하도록 합니다. 그리스도께서는 능히 우리를 동정하실 수 있는 분이라고 사도는 말합니다. 그리고 '숨파데사이'(συμπαθησαι, 동정하다)는 우리가 쉼을 얻기까지 함께 아파하는 중심의 행위를 가리키는 말입니다. 그리스도는 이처럼 중심에서 일어난 애틋한 사랑과 연민으로 힘써 우리를 도우십니다.

그리스도의 이런 마음의 깊이와 넓이를 헤아릴 자가 없습니다. 솔로몬이 말한 것처럼("왕의 마음이 여호와의 손에 있음이 마치 봇물과 같아서 그가 임의로 인도하시느니라." 잠 21:1—옮긴이) 하늘의 높음과 땅의 깊음 같이 **왕의 마음**(cor regis)을 헤아릴 수 없다면 지금 영광 중에 계신 왕 중의 왕의 마음을 헤아리는 것에 대해서는 더 말해 무엇하겠습니까! 나는 결코 "보지 않은 것을 억지로 주장하지" 않고,골 2:18, KJV-옮긴이 성경의 빛과 바른 이성이 허락하는 것을 신중하고 바르게 말하기 위해 힘쓸 것입니다.

그리스도의 마음에 대해 다음 세 가지 관점에서 말씀드리겠습니다.

1. 소극적인 관점. 2. 적극적인 관점. 3. 결핍의 관점.

1. **소극적인 관점**. 지금 하늘에 계시는 그리스도께서 느끼는 연민과 동정이 이 땅에 육신을 입고 계실 때 가졌던 감정과 모든 부분에서 같은 것이 아님은 분명합니다. 이 사실은 이 땅에 육체로 계실 때 그리스도의 모습을 언급하는 사도의 말에서 분명히 알 수 있습니다. "그는 육체에 계실 때에 자기를 죽음에서 능히 구원하실 이에게 심한 통곡과 눈물로 간구와 소원을 올렸고 그의 경건하심으로 말미암아 들으심을 얻었느니라."히 5:7 사도가 '육체에 계실 때에'라는 말로 그리스도께서 이 땅에 계실 때의 상태와 행적들을 지금 하늘에 계시는 모습과 구분하는 것을 볼 수 있습니다. **육체**라는 말은 여기서 지금도 여전히 입고 계시는 인성의 실체가 아닌 죽는 것을 피할 수 없는 혹은 죽을 가능성이 있는 연약한 상태를 뜻합니다. 모든 육체는 풀과 같다는 말씀에서 **육체**가 뜻하는 바와 같이, 이 말은 외부적인 원인이나 내면의 감정들로 쇠약해지고 사그라지는 것을 면할 수 없는 사람이 가진 본성을 말합니다. "자녀들은 혈과 육에 속하였으매 그도 또

한 같은 모양으로 혈과 육을 함께 지니심은."히 2:14 이 말씀은 그리스도의 형제인 우리가 인간 본성의 연약함을 가지기에 그리스도 역시 우리와 동일한 본성을 취하셨다는 뜻입니다. 그래서 사도는 이어지는 말씀을 통해 그리스도께서 육체에 계실 때 자녀들과 마찬가지로 죽음을 맛보실 뿐 아니라, 고난을 통해 우리가 가진 연약한 격정과 감정, 그리고 그 영혼이 쇠잔하고 황폐하게 되셨음을 예증합니다. 심한 통곡과 눈물과 함께 극심한 비애는 물론 심지어 경외함까지 있었다고 성경은 말합니다. '그의 경건하심으로 말미암아 들으심을 얻었느니라.' 그리스도께서 이 땅에서 그렇게 육체로 계시던 때는 다 지났습니다. 연약한 육체와 함께 비통함과 두려움 등의 감정이 격정적으로 솟아나는 것 역시 다 그쳤습니다. 하늘에서 자기 영광 중에 계신 지금은 더 이상 육체의 연약함에 따른 것들을 경험할 수도 없고, 그것들에 굴복할 수도 없습니다.

2. **적극적인 관점**. 지금부터 덧붙일 합당한 경계와 숙고를 통해 이런 입장을 만족할 수 있다면, 그리스도께서 이 땅에 계실 때 가졌던 영혼과 육신 모두를 포함하는 전체 인성과 본질적으로 동일한 동정과 연민의 감정이 지금 하늘에서도 동일하게 그 안에서 역사하고 있다고 확증하지 못할 이유가 없습니다. 그리스도는 부활 후에 도마로 하여금 자신의 살과 뼈를 만지고 느끼도록 했으며,눅 24:39-옮긴이 다른 제자들에게도 자신의 살과 뼈를 언급하셨습니다. 이처럼 부활 후에도 본질상 동일한 살—살에는 피와 생명력이 포함된 **살아 있는 살**(caro vitalis)이어서 그 속에

피와 생기가 살아서 순환하고 움직입니다—과 피와 육체적 생기가 남아 있고 사용된다면, 그들을 향한 마음 역시 동일하게 남아 있지 않을 이유가 무엇입니까? 단순히 영혼에서만 일어나는 것이 아니고 영혼과 합한 몸에서도 역사하는 이런 감정은 지금도 여전히 참된 인간의 감정으로 남아 있습니다. 피와 생기가 몸에 영양을 공급(하늘에서는 이 기능이 그칩니다)하는 것처럼, 피와 생기는 영혼이 받는 영향과 함께 마음과 감정에 영향을 미칩니다. 그렇다면 하늘이라고 해서 육체를 가진 그리스도 안에서 피와 생기의 이런 기능이 남아 있지 않을 이유가 무엇인지, 그리고 이런 감정이 왜 그리스도의 영이나 혼으로만 한정되고 그의 육신적인 능력이 이런 영향을 전달하고 참여하는 데서는 배제되어야 하는지 그 이유를 모르겠습니다. 하지만 그럴 수밖에 없는 것이 그리스도는 참 사람이시기 때문입니다. 영혼은 물론 몸 역시 이 땅에 계실 때의 바로 그분의 것이기 때문입니다. 그렇지 않다면 그리스도의 부활은 진정한 부활일 수 없습니다. 그러므로 그리스도는 여전히 육체와 영혼 양자로 동일하고 참된 인간 감정을 가지고 계십니다. 영혼과 마찬가지로 지금 가지고 계시는 몸 역시 감정의 자리이자 도구입니다. 몸과 영의 전인으로 시험을 받으셨고 시험을 받는 본성에서 감동을 받으시는 것(본문이 말하는 것처럼)을 보면 감정은 육체와 영혼 모두로 이루어진 전인에 자리하는 것이 분명합니다. 그렇다면 원수들을 향해 발해지는 "어린양의 진노"계 6:16를 읽을 때 그의 벗들과 지체들을 향한 동정과 연민에 대해 읽는 것처럼 진노할 줄 모르는 그분의 신성에만, 아니면 그분의 영과 혼에만 이 진노를 돌려야 할 이유가 무엇이란 말입니까? 그리스도께서 대제사장의 직분을 행함에 있어서 자신이 가진 신성을 섬기도록 우리가 가진 온전한 인성을 취하셨다면, 참 사람이신 그리스도께서 실제로 전인적으로 진노하시되 영으로만이 아니라 육체로도 그러하시다 생각하지 않을 이유가 무엇이란 말입니까?

그럼에도 불구하고 그리스도께서 가지신 감정을 생각할 때, 그리스도께서 이 땅에서 육신으로 계실 때 느끼셨던 감정이 갖는 연약함과 약점을 어느 정도까지 배제해야 하고, 당시 이 땅에서 가지셨던 육신의 감정과 지금 하늘에 참 육체로 계시면서 가지신 감정이 정확히 어떻게 다른지에 대해서는 말할 수 있는 것이 거의 없습니다.

**첫째**, 하지만 그전에 먼저 우리가 명심해야 할 분명한 원리가 있습니다. 그리스도는 부활과 더불어 영적인 몸으로 살아나셨습니다.고전 15:44 그런 의미에서 지금 그리스도의 육체와 함께 역사하는 모든 감정은 영적인 것으로 이 땅에서 육체로 계실 때 그 안에서 역사하던 육신적이고 연약한 방식과는 대비되는 방식으로 역사합니다. 하지만 그리스도의 몸이 영적으로 되었을(능력과 유사성에 있어서 영과 같이 되었다는 것이지 본성과 실체에 있어서 그렇다는 말은 아닙니다) 뿐 영이 된 것이 아닌 것처럼, 연민과 동정과 같은 감정들은 그리스도의 혼 혹은 영에서만이 아니라 이런 감정들의 자리와 도구인 그의 몸에서도 역사하되, 이 땅에서의 연약한 몸에서 역사하던 것보다 훨씬 더 영적인 방식으로 보다 영의 감정에 가깝게 역사합니다. 영적인 감정의 유일한 주체는 오직 영이고 바로 이 영이 주체로서 감정의 이런 모든 역사를 온전히 영적으로 주도한다는 점에서 지금 영적인 몸을 가지신 그리스도의 감정과 이 땅에서 육체로 계실 때의 감정 사이에는 차이가 있습니다. 해가 유리를 통해 비치는 것처럼 영혼이 영광스럽게 비치도록 그리스도의 몸이 유리와 같은 본질로 바뀌기라도 한 것처럼 생각해서는 안 됩니다. 오히려 한 걸음 더 나아가 그리스도의 영과 연합한 몸은 영이 그 안에서 행하는 대로 주체인 영과 아무런 차이나 간격이 없이 즉시 행하는 것으로 생각해야 합니다. 이 몸을 영적인 몸이라고 하는 것은 이 몸이 더 이상 육신으로 남아 있지 않아서가 아닙니다. 오히려 몸과 그 몸에서 작용하는 모든 기능이 완전하고 즉각적으로 영혼의 전적인 지배와 **명령**(imperium) 아래서 이루어질 정도로 영혼에 완전히 부합하게 틀 지워진 몸이기 때문입니다. 천사가 행하는 것처럼, 혹은 육신이 없이 영혼 자체만으로 행하는 것처럼 추호도 굼뜨거나 제한되지 않고 영혼이 사용하고 움직이고자 하는 대로 즉각적으로 민첩하게 기동할 정도입니다. 물론 그리스도께서 이 땅에 육신으로 계실 때도 은혜와 이성의 명령을 따라 감정들이 악하거나 무절제하게 되지 않았지만, 그럼에도 불구하고 그리스도의 몸과 관련하여 이 땅에 계실 때와 한 가지 차이가 있다면 그것은 이런 감정들이 그리스도께서 이 땅에 계실 때처럼 그의 몸에 영향을 미치지 않는다는 것입니다. 오히려, 영혼의 판단과 뜻에 부합하게 감정들이 일어나 즉시 그 뜻을 따라 행할 만큼 지금은 영혼이 강력합니다.

**둘째**, 그 결과로 이 땅에 계실 때와 마찬가지로 지금도 연민과 동정의 감정이 그의 심정을 사로잡고 그의 마음에 영향을 주기는 하지만, 추호도 그를 고통스럽거나 혼란스럽게 하지 않을 뿐 아니라, 이 땅에 계시면서 나사로를 불쌍히 여기셨을 때나 죽음과도 같은 비탄함으로 짓눌리셨을 때와는 달리 그의 영혼을 괴롭게 하거나 짓누르는 무거운 부담과 짐은 아닙니다. 따라서 이런 감정이 일어나는 것과 마찬가지로 그 영향에 있어서도 이 땅에서 겪으셨던 방식과는 전혀 다릅니다. 지금 그분의 몸과 그분에게 영향을 미치는 수단인 이 몸과 함께 있는 피와 감정이 갖는 불변성 때문입니다. 다시 말해, 그리스도의 몸과 감정은 어떤 상처에도 전혀 영향을 받지 않기 때문입니다. 이처럼 그리스도의 몸은 어떤 슬픔에도 종속적으로 영향을 받지 않고, 몸을 통한 감정은 전혀 소모되거나, 손실되거나, 피폐해지지도 않습니다. 이 땅에 계셨을 때와 마찬가지로 오히려 감정에 있어서도 몸은 영혼을 섬기고 돕습니다. 그러나 조금의 감소나 손상, 혹은 그리스도에게 해를 끼치는 일이 없이 동맥과 정맥을 따라 이리저리 움직이면서 마음과 감정에 영향을 미치는 국소적인 움직임을 통해서만 그렇게 합니다. 이런 피와 감정은 이 땅에서와 같이 지금도 그리스도에게 동일한 마음을 불러일으키지만 그때와 달리 조금도 그리스도를 근심하게 하거나 괴롭게 하지 않습니다. 이 땅에 계실 때 슬픔과 괴로움을 당하셨지만 지나침이나 '죄는 없으'셨던 것처럼, 하늘에 계신 지금 그리스도는 이 땅에 계실 때 가졌던 그의 몸과 성정의 연약함 때문에 필연적으로 동반될 수밖에 없었던 최소한의 불안함이나 동요도 전혀 없이 자기 사람들을 불쌍히 여기고 동정하십니다. 지금 그리스도에게 있는 완전함은 감정을 소멸시키는 것이 아니라 그 안에 있는 불완전함을 고치고 바로잡습니다. 지금 그리스도께서 **완전한 감정**(Passiones perfectivas)을 가지고 계신다는 것은 최상의 탁월한 신학자들조차 인정하는 바입니다.

**셋째**, 신학자들과 다른 목사들 모두가 그리스도께서 지금 계시는 그 영광에 **어울리지 않는 상태**(indecentiam status)를 배제한 모든 자연적 감정이 지금 그리스도 안에 있다고 인정합니다. 이와 관련하여 유스티니아누스(Justinianus) 1세는 다음과 같이 말합니다.

> 이 감정들―인간의 본성이지만, 죄나 수치스러운 것이 없고, 온전히 이성으로 통제되며, 마지막으로 어떤 방식으로도 영혼이나 육신에 해가 되는 결과들에서 벗어난 감정들―이 지복 중에 있는 영혼의 상태와 부합하지 않는다고 생각할 아무런 근거가 없다(humanæ affectiones quæ naturales sunt, neque cum probro vel peccato conjunctæ, sed omni ex parte rationi subduntur; denique ab iis conditionibus liberantur quæ vel animo, vel corpori aliquo modo officiunt, beatis nequaquam repugnare censendæ sunt).

영광 중에 있는 그리스도의 상태가 바로 이런 상태임을 숙고한다면, 그분이 다시 슬픔의 사람이 되기 위해서가 아니라 그의 직분대로 우리를 돕는 사람이 되도록, 우리의 도움과 구원으로 그를 촉발하고 불러일으킬 정도로 전인이 연민과 동정의 인간 감정을 갖는 것은 합당합니다. 이를 위해서 하늘에 계신 그리스도를 자기 아버지 안에서 혼자만 기뻐하는 분으로 우리는 사사로이 생각할 것이 아니라, 우리에게 머리가 되시는 우리와의 관계와 직분 안에서도 생각해야 합니다. 에베소서 1:21-22 처럼, 머리는 몸의 유익을 위한 모든 의식과 감각이 자리하는 곳입니다. 그리스도는 바로 이런 관계로 지금 하늘에 좌정해 계시고, 몸의 다른 어떤 부분에 대해서도 가장 섬세하게 느끼십니다. 자신과 이런 관계에 있는 지체들이 여전히 비참함과 죄 아래 있는 것을 아시고 그분은 자신의 영광 가운데 좌정해 계심에도 불구하고 그 지체들을 향해 그 관계에 맞는 애정을 품는 것은 전혀 이상할 것이 없습니다. 만약 그리스도께서 지금 누리시는 영광의 상태가 전적으로 자신의 개인적인 기쁨만을 위해 정해진 것이라면, 그분 안에 남아 있는 그런 애정은 아무런 소용이 없을 것입니다. 하지만 그분이 우리와 맺은 관계가 그분이 받으시는 영광의 한 부분이며 한 요소라고 보는 것이 그분에게 가장 적절합니다. 그렇습니다. 우리와 이런 관계를 맺으면서도 우리를 향해 사랑의 마음을 갖지 않는 것이 오히려 더 이상할 것입니다. 지금까지 살펴본 것처럼 우리를 향한 그리스도의 마음은 그분 안에 있는 연약함이 아닙니다. 오히려 사도가 “뒤나미스”

(δυναμις, 권능)라고 부른 그의 능력의 일부입니다. 우리를 향한 이런 감정이 한편으로는 불완전한 것으로 생각될 수도 있지만, 다른 측면, 다시 말해 우리와의 관계와 우리를 위해 가지신 직분의 측면에서 보면 그것은 그리스도의 완전하심입니다. 참 사람으로서 그리스도는 우리의 머리시기 때문에 사람임에도 불구하고 우리의 모든 비참함을 진실로 실제로 느끼실 수 있습니다. 그것이 그분에게서 드러나는 영광입니다. 맞습니다. 그렇게 하지 못하는 것이 오히려 불완전함일 것입니다.

**넷째**, 우리의 위로를 위해 한 말씀 더 드리고자 합니다. 어쨌든 이 모든 감정이 그분의 영혼에는 부담이며, 그분의 몸에도 해로울 수 있겠지만, 지금의 그분에게는 해당되지 않습니다. 또한 그분은 이 땅에 계실 때 이런 사랑의 노쇠함과 연약함으로 비참한 가운데 있는 자들을 도와 불쌍히 여기고 구하셨으며 친히 자신의 처참한 고통으로부터도 벗어났습니다. 하지만 이제는 이 모든 감정에서 벗어났습니다. 그래도 그분이 현재 가지신 사랑과 불쌍히 여기는 감정의 역사는 그 본질에서 동일합니다. 그분은 지금 하늘에 계시기에 감정적으로는 연약할지 몰라도 그분의 사랑의 크기와 너비와 신속성은 더욱더 커졌습니다. 우리를 구하기 위한 효과적인 힘과 능력이 이제는 더 보완되어서, 예전에 이 땅에 계실 때 못지않게 우리를 구하십니다. 자기 영광으로 들어가심으로 그리스도의 지식이 확장되는 것처럼 그분이 가진 사랑과 연민의 감정 역시 일체성과 능력과 실체에 있어서 확장됩니다. 처음에는 감정에 지배되겠지만 그럼에도 불구하고 진실한 부부 간의 사랑이 그런 것과 마찬가지입니다. 지금 그리스도에게 있는 사랑과 연민의 감정은 이 땅에 계실 때보다 덜한 것이 아니라 보다 영적인 것이 되었을 뿐입니다. 솔로몬이 가졌던 관대함과 왕권이 그의 지식만큼이나 거대했던 것처럼 그리스도에게 있는 사랑의 감정은 그의 지식이나 권세만큼이나 큽니다. 그리스도에게 있는 모든 것은 다 동일한 정도와 분량을 가집니다. 긍휼을 나타내고자 하는 하나님의 뜻이 계속되는 한(하나님에게 있는 부요한 긍휼하심의 끝을 누가 알겠습니까?) 긍휼을 베푸시려는 그리스도의 성향 역시 계속됩니다. 성경은 하나님과 사람이신 "그리스도의 사랑"을 일컬어 "지식에 넘치는" 사랑이라고 합니다.엡 3:18-옮긴이 그리스도께서 하늘로 가셨다고 잃거나 줄어들 사랑이 아닙니다. 본성적으로 하나님은 그리스도의 인성보다 더 긍휼이 넘치는 분이지만, 그리스도에게 있는 사랑의 행위와 역사는 하나님에게 있는 긍휼의 작정과 목적만큼이나 큽니다. 또한 이 같은 모든 거대한 애정과 긍휼은 그리스도 안에서 사람들이 받아 누리기에 합당한 긍휼이 되었습니다.

3. **결핍의 관점**. 그리스도의 마음에 있는 이런 감정들이 고통스럽고 괴롭게 하는 감정이 아니라면, 우리는 이 감정을 결핍이라는 관점에서 다음과 같이 표현할 수 있을 것입니다. 연약함과 비참함 가운데 있는 우리를 그분이 여전히 보실 때, 그분의 마음에 있는 기쁨과 위로는—우리가 이런 모든 연약함과 비참함에서 벗어났을 때와 비교해서—덜 충만할 것입니다. 이 점을 보다 명확히 하기 위해 앞에서 언급한 그리스도에게 예정된 영광

의 이중 능력 혹은 기쁨의 이중 충만을 구분한 것(제2부, Ⅱ, 넷째 논증, 이 책 130쪽—옮긴이)을 다시 떠올릴 필요가 있습니다. 하나는 본성적인 것으로, 그리스도의 위격에 따른 자신만의 고유한 것으로 간주되는 것이며, 또 다른 하나는 추가적인 것으로, 신비적으로 그분과 하나인 전체 교회의 완성된 복과 영광으로부터 드러나는 것입니다. 에베소서 1:23에서와 같이 그리스도는 자신의 본성적 충만으로 "만물을 충만하게 하시는" 분이지만, 그 앞 절에서 보는 바와 같이 그리스도는 자기 몸인 교회와의 관계에서 머리시기 때문에 자기 몸이 완전한 지복을 누리는 것 역시 그분의 충만으로 불립니다. 따라서 그리스도께서는 자신의 지체들을 완전한 복으로 충만하게 하고 모든 비참함으로부터 건지실 그때까지는 스스로 일종의 불완전함 가운데 남아 계십니다. 지체들과의 이런 관계에 맞추어 그리스도의 감정 역시 그들이 비참함 가운데 있을 동안에는 그들이 그리스도의 충만함을 받을 때보다는 그분의 마음이 일종의 불완전한 상태로 남아 있습니다. 각자의 연약함 아래 신음하던 자녀들이 자라 더욱 순종하고 그들의 영이 보다 위로를 누리게 될 때, 그리스도는 지금보다 더 기뻐하실 것이 분명합니다.요 15:10-11 비슷한 경우를 예를 들어 설명해 보겠습니다(완전히 같다고는 할 수 없지만 비슷한 경우라 할 수 있습니다). 세상을 떠난 의인의 영들이 온전하게 된다고 합니다.히 12:23 하지만 이 영들은 나중에 다시 연합하게 될 각각의 몸들을 가지고 있습니다. 그런 면에서 이 영들이 각자의 몸과 다시 연합하고 영화롭게 되고 이로써 더욱 충만하게 되기까지는 완전하다고 할 수 없습니다. 본성적인 그리스도와 자신의 지체들과 신비로운 연합 가운데 있는 그리스도의 관계에 대한 일종의 유비라고 할 수 있습니다. 그리스도께서 본성적으로는 완전한 복 가운데 계시지만 자신의 지체들과의 관계에 있어서는 그렇지 않습니다. 그것은 이런 관계에 부합한 그의 감정에 있어서도 마찬가지입니다. 그래서 이렇게 말하는 것이 그리스도의 영광을 손상시키는 것이 절대 아닙니다. 성경은 불완전한 어떤 감정들을 그리스도에게 돌리고 있고, 심판의 날이 이르기까지 그리스도에게 이런 감정들이 있을 것으로 말합니다. 기대하고 바라는 것이 이루어졌을 때 누리는 기쁨에 비추어 볼 때 불완전한 감정일 수밖에 없는 기대와 바람이 심판의 날이 이르기 전까지는 사람이신 그리스도에게 있다고 합니다. 그래서 히브리서 10:12-13은 그리스도께서 "하나님 우편에 앉으사 그 후에 자기 원수들을 자기 발등상이 되게 하실 때까지 기다리시나니"라고 합니다. 그의 원수들이 멸망함으로 그의 나라의 영광이 더 밝히 드러날 것입니다. 이런 영광이 그분의 충만한 위대하심을 더하는 것과 마찬가지로 그의 지체들이 완전한 구원에 이름으로 그분의 완전한 영광이 더해질 것입니다. 우리는 원수들의 멸망을 기대합니다. 하지만 언젠가 그분께서 원수들을 완전히 무찌르고 승리하실 것에 비하면 그 기대는 불완전한 감정입니다. 이와 마찬가지로, 그분은 지금 자신의 신부로 인해 기뻐합니다. 하지만 혼인하는 위대한 날에 충만할 기쁨에 비하면 지금의 기쁨은 불완전한 감정입니다. 그래서 이사야는 그분이 열망하는 것들이 이루어지는 것을 일컬어 만족이라고 합니다. "그가 자기 영혼의 수고한 것을 보고 만족하게 여길 것이라."사 53:11 이 말씀은 지금은 결여되어 있지만 종국에 얻게 될 어떤 것을 향한 열망이 자리하고 있음을 말하는 부분입니다. 이런 사실과 함께 우리가 생각해야 할 것은 예수 그리스도의 충만은 자기 지체들이 존귀하게 되어 자기에게 이르는 것을 통해 이루어지며 그것이 언제 이루어질지, 그리고 언제 자신과 지체들의 모든 원수들이 굴복하게 될지를 분명히 아신다는 것입니다. 시편 기자가 말하는 것처럼 ("그러나 주께서 그를 비웃으시리니 그의 날이 다가옴을 보심이로다." 시 37:13—옮긴이) 그분은 이런 불완전함으로부터 무언가를 제하고 없이 할 그 날이 도래하고 있음을 아시기에 그분은 이처럼 기대하고 기다리십니다.

## Ⅲ. 그분은 시험을 받았지만 죄는 없으시다는 사실을 볼 때, 그분의 마음이 우리의 죄(우리의 가장 큰 연약함)를 어떻게 절감切感하실 수 있는지에 관한 의구심이 해소된다

이제 우리가 해결해야 할 한 가지 큰 어려움만 남았습니다. 이 어려움은 선한 마음을 가진 사람이라면 누구나 느낄 수밖에 없는 것입니다. 마음에 이런 어려움을 느끼는 사람들은 아마도 다음과 같이 생각할 것입니다. **연약함**이란 죄를 의미하고 이런 죄를 대적하도록 격려하는 것이 사도가 권면하는 목적이다. 그렇다. 이런 죄로 인해 마음이 어렵고 낙심하지 않을 사람은 없을 것이다. 하지만 그리스도께서 이런 죄악으로 힘들어하는 우리를 어떻게 경험적으로 불쌍히 여기실지 모르신다는 사실을 생각하면, 이런 죄에 대해 지금 사도가 하는 말은 전혀 위로가 되지 않는다. 그분은 '죄가 없으시기' 때문이다. 사도 자신도 그렇게 말한다. '모든 일에 우리와 똑같이 시험을 받으신 이로되 죄는 없으시니라.' 죄를 제외하고 우리가 겪는 모든 연약함을 친히 겪으셨기 때문에 우리를 불쌍히 여기실 것이라는 사실이 우리에게 위로가 되는 것은 맞다. 그러나 나와 달리 그리스도께서는 죄 아래 있고 정욕 때문에 괴로워하는 것이 무엇인지 결코 알지 못했다. 그러니 사도가 여기서 그런 그리스도에 대해 이렇게 말하는 것이 나에게 무슨 위로가 되겠는가? 지금부터 나는 다음과 같은 사실들을 숙고함으로 이런 생각을 하는 신자들에게 조금이라도 만족과 위안을 주고자 합니다.

**첫째**, 실제로 사도는 '모든 일에 우리와 똑같이 시험을 받으신 이로되 죄는 없으시니라'고 합니다. 그리스도께서 죄가 없이 시험을 받으신 것은 우리를 위해 오히려 좋은 일이었습니다. 그렇지 않았으면 우리를 구원하는 제사장으로 합당하지 않았을 것이기 때문입니다. "이러한 대제사장은 우리에게 합당하니 거룩하고 악이 없고 더러움이 없고."히 7:26 뿐만 아니라 당신이 위안을 얻기 위해 그리스도께서 어느 정도까지 우리에게 가까이 오셨는지를 생각해 보십시오. 본문은 그리스도에게는 '죄가 없음'에도 불구하고 '모든 일에 우리와 똑같이 시험을 받으셨다'고 합니다. 이런 시험 때문에 괴로움을 당하고, 시험당하는 자들이 처한 비참함을 알고, 그런 모든 시험 가운데 있는 자들을 어떻게 위로할지 알 정도로 모든 죄에 시험을 받으셨다는 말입니다. 출생을 통해 우리 본성을 입으실 때 원죄에 오염되지 않고 할 수 있는 한 우리와 가장 가깝게 오셨습니다. 다시 말해, 모든 우리의 몸과 동일하게 자기 몸이 구성되도록 우리 몸과 동일한 본질을 취하신 것처럼, 실제적인 죄의 문제에 있어서도 그리스도께서는 할 수 있는 한 우리가 시험을 당하는 것과 동일하게 시험을 받으시되 죄로부터 자신을 순전하게 보전하셨습니다. 사탄이 주는 모든 시험을 경험하셨습니다. 심지어 강력한 해독제를 복용한 사람이 거짓 약장수가 만든 약을 시험해 보도록 자신을 내어주는 것과 마찬가지입니다. 실제로 이처럼 죄를 짓도록 하려는 사탄의 시험을 당하셨기 때문에 '죄는 없으시니라'는 말을 의도적으로 덧붙인 것입니다. 죄를 짓도록 하는 시험을 외적으로 당하셨음에도 불구하고 결코 죄로 자신을 더럽히지 않았다고 말하는 것과 같습니다. 그리스도께서는 모든 종류의 죄를 범하도록 사탄에게 시험을 당하셨습니다. 복음서를 해석하는 자들이 보여주는 것처럼 광야에서 당하신 세 가지 시험은 모든 종류의 시험을 대표하는 것입니다.

**둘째**, 죄로 신음하는 우리를 동정하시며 그리스도께서는 자신이 마주하는 자들 안에 있는 죄의 권세와 부패 때문에 괴로워하셨습니다. 우리가 자신의 죄 때문에 괴로워하는 것보다 더욱 괴로워하셨습니다. 소돔 거민들의 불법한 행실을 보고 들음으로 롯의 의로운 심령이 상했던 것처럼 우리의 죄로 인해 그리스도 또한 그 마음이 상했습니다. "그 의로운 심령이 상함이라." 벧후 2:8-옮긴이 그를 가리켜 "죄인들이 이같이 자기에게 거역한 일을 참으신 이"라고 합니다.히 12:3 그의 하나님을 향한 비방인 "주를 비방하는 자들의 비방이 내게 미쳤나이다" 하신 말씀도 있습니다.롬 15:3 이 말씀은 시편 기자가 그리스도를 가리켜 말한 것을 사도 역시 인용한 것입니다. 우리에게 있는 각각의 모든 죄로 인해 그리스도의 중심이 괴로웠다는 말입니다. 바로 이 부분에서 그리스도와 우리 사이에 차이가 납니다. 우리 안에 있는 중생한 부분이 우리 안에 있는 죄로 말미암아 괴로워합니다. 다른 누구의 죄가 아닌 우리 자신의 죄 때문입니다. 그러나 그리스도의 마음이 괴로운 것은 자신의 죄가 아닌 오직 다른 이들의 죄 때문입니다. 이런 죄로 그가 마음으로 겪는 괴로움은 우리가 자신의 죄로 인해 겪는 괴로움보다 큽니다. 그의 영혼이 우리의 영혼보다 의로운 만큼 더 큽니다. 택함을 받은 자들이 죄를 범하는 것을 보시고 그리스도께서는 그것이 자신의 죄였던 것처럼 괴로워하셨고, 이런 괴로움 속에서 그리스도께서는 저들을 붙들어 주셨습니다. **시험을 받으신**히 4:15의 원어인 '페페이라메논'(πεπειραμενον)을 어떤 이들은 **심령이 상하다**로 번역하기도 합니다.

**셋째**, 그리스도께서는 이 땅에 계시는 동안 "우리의……병을 짊어지셨"습니다.마 8:17 우리의 어떤 질병에도 본성적으로 감염되지 않으셨습니다. 우리의 죄를 담당하셨지만 스스로 죄는 없으신 것에 대해서도 같은 방식으로 말할 수 있습니다. 그리스도께서는 택정함을 받았지만 병든 자녀들에게 오셔서 그들을 고쳐 주셨을 때도 자신이 마치 그 질병에 고통을 당하는 것처럼 자기 자녀들이 신음하는 질병에 같이 아파하고 그들을 불쌍히 여기는 것이 먼저였습니다. 죽은 나사로를 일으키셨을 때도 마찬가지였습니다. 성경은 그리스도께서 "심령에 비통히 여기시고"라고 합니다.[요 11:33-옮긴이] 마찬가지로 그리스도께서는 자녀들이 신음하는 질병이 자신의 질병인 양 함께 아파하고 그들의 질병을 짊어지심으로 그것을 자녀들로부터 옮기셨습니다. 내 생각에는 이것이 "예수께서……병든 자들을 다 고치시니 이는 선지자 이사야를 통하여 하신 말씀에 우리의 연약한 것을 친히 담당하시고 병을 짊어지셨도다 함을 이루려 하심이더라"고 하신 마태복음 8:16-17의 난해한 본문에 대한 가장 최선의 해석으로 보입니다. 이렇게 우리의 질병을 지신 것처럼 그리스도께서는 우리의 모든 죄 역시 그렇게 담당하셨습니다. 우리와 한 몸이신 그리스도께서는 우리의 모든 죄악에 책임을 져야 하기 때문에 자기 자녀 중 누구라도 죄를 짓는 것을 보셨을 때 그것이 마치 자신의 죄인 것처럼 대하심으로 죄의 권세가 자기 자녀들에게 요구하는 것을 충족시키셨습니다.

**넷째**, 그리스도께서는 죄책과 그로 인한 시험에 관해 우리 가운데 누구보다도 잘 아십니다. 자녀들의 죄책을 친히 담당하심으로 그 비통함과 쓰라림을 우리가 할 수 있는 것보다 더 깊이 맛보셨고, 자신이 담당한 죄책으로 아버지의 진노의 잔을 비우셨습니다. 그래서 그리스도는 죄책으로 상하고 시험으로 갈등

하는 마음을 경험적으로 불쌍히 여기실 수 있습니다. "나의 하나님, 나의 하나님, 어찌하여 나를 버리시나이까"마 27:46-옮긴이라고 외치시며 하나님으로부터 버림받은 것을 몸소 느끼셨기에 버림받은 고독한 마음이 어떤 것인지 너무나 잘 아십니다.

적용 1 지금까지 살펴본 것은 우리가 자신의 죄를 대적하게 하는 다른 어떤 이해보다 가장 강력한 위안과 격려를 제공하고, 이런 죄들이 우리에게서 없어졌다는 사실에 대한 가장 큰 확신을 줍니다. 그 이유는 다음과 같습니다.

**첫째**, 그리스도께서 친히 우리의 죄악들을 경험하셨고(마치 자신이 직접 겪는 것처럼) 적어도 자신의 원수인 그 죄악들로부터 영향을 받으셨기 때문입니다. 따라서 그리스도께서는 자신의 평안을 위해서라도 그런 죄악들을 반드시 없애실 것입니다. 우리의 죄악들로 인해 그분의 마음은 잠잠할 수 없습니다. 하지만 그 죄악들이 사라질 것을 아십니다. 하나님께서 선지자를 통해 말씀하십니다. "그를 위하여 내 창자가 들끓으니 내가 반드시 그를 불쌍히 여기리라. 여호와의 말씀이니라."렘 31:20 그리스도는 더더욱 그렇게 말씀하실 것입니다.

**둘째**, 당신이 범한 바로 그 죄가 그분을 진노케 하기보다 오히려 당신을 불쌍히 여기도록 그분의 마음을 움직입니다. 이것은 우리의 연약함에도 불구하고 우리에게 위로가 됩니다. 본문은 이것을 분명히 말합니다. 그리스도께서 우리의 연약함을 우리와 더불어 체휼하신다고 합니다. 여기서 연약함이란 이미 밝히 보인 것처럼 우리가 겪는 여러 비참함은 물론 우리에게 있는 죄악들을 의미합니다. 따라서 하나님께서 당신의 연약함을 주목하여 보시고 그것들을 자기 것으로 말씀하시기 때문에 당신이 그것들을 자신의 연약함과 질병으로 알고 그리스도에게 그것들을 아뢰고 "오호라 나는 곤고한 사람이로다. 이 사망의 몸에서 누가 나를 건져내랴"라고 부르짖는 한 두려워할 필요가 없습니다.롬 7:24–옮긴이 그리스도께서는 당신을 체휼하시고 당신에게 절대 진노하지 않으십니다. 당신의 죄악에 진노하지 않으시고, 그것들을 파하십니다. 그렇습니다. 어떤 혐오스러운 질병을 가진 어린아이를 향한 아버지의 마음처럼, 불쌍히 여기는 그분의 마음은 당신을 향해 더욱더 커집니다. 사람은 자기 몸의 한 부분이 나병으로 문드러진다고 해서 그 부분을 미워하지 않습니다. 자기 몸이기 때문입니다. 오히려 자신의 몸을 그렇게 만드는 질병을 미워합니다. 그렇게 신음하는 자기 몸에 대해서는 연민이 더욱 깊어 갑니다. 그리스도와 우리 모두를 대적하는 우리의 죄악마저 그리스도로 하여금 우리를 더욱 불쌍히 여기게 하는 동기로 사용된다면, 우리에게 도움이 되지 않을 것이 무엇이란 말입니까? 우리가 사랑하는 사람이 비참함 가운데 있을 때 우리는 그를 불쌍히 여깁니다. 그 처한 비참함이 클수록 그를 향한 연민도 더해집니다. 모든 비참함 중에 죄만큼 비참한 것도 없습니다. 당신 스스로 자기 안에 있는 죄를 이렇게 본다면, 그리스도 역시 당신 안에 있는 죄를 그렇게 보실 것입니다. 그리스도께서는 당신을 사랑하고 당신의 죄를 미워하십니다. 그분의 증오는 모두 사라지고, 그분의 증오는 오직 죄만 향합니다. 죄를 파괴하고 멸함으로써 죄에서 당신을 자유롭게 합니다. 그래도 그분은 당신 때문에 더욱 마음을 졸이실 것입니다. 이것은 당신이 어떤 고난 가운데 있을 때나 죄악 아래 있을 때나 동일합니다. 그러므로 두려워하지 마십시오. "무엇이 우리를 그리스도의 사랑에서 끊으리요?"롬 8:39 참조-옮긴이

**적용** 2 지금 당하고 있는 시험이나 유혹이나 비참함이 무엇이든 간에 그리스도께서도 동일한 혹은 유사한 일들을 겪으셨다는 사실을 기억하고 다음의 세 가지 측면을 숙고함으로 위로를 받을 수 있습니다.

**첫째**, 우리가 당하는 이런 일들을 통해 우리는 모범이신 그리스도를 닮아 갑니다. 그리스도께서 모든 일에 우리와 똑같이 시험을 당하셨기 때문이며 이 사실은 우리에게 결코 적지 않은 위로가 됩니다.

**둘째**, 그리스도께도 동일하게 낮아지셨습니다. 이 특별한 사례는 지금 비천한 처지에 있는 우리를 얻고 구하시기 위해 값을 지불하는 공로의 원인으로 우리에게 보여집니다. 이런 측면에서 우리에게 큰 위로가 됩니다.

**셋째**, 그리스도께서는 지금 내가 처한 것과 비슷한 상황을 친히 겪으셔서 이런 상황에서 겪을 수밖에 없는 비참함과 괴로움을 경험적으로 아십니다. 그래서 더 깊은 연민으로 신속

히 나를 도우실 것이라는 사실에 위로를 얻습니다.

**적용** 3 우리가 어떤 형태로든 악을 행하고 순종하지 않을 때, 하늘에 계신 그리스도의 마음이 고통까지는 아니라 해도—우리로 인해 그 마음이 어느 정도로 고통받으시는지 우리는 정확히 모릅니다—우리로 인한 기쁨이 덜하다는 것은 분명합니다. 이런 사실을 생각할 때, 지금까지 살펴본 교리가 위로가 될 뿐만 아니라 죄를 대적하고 순종에 힘써야 할 가장 큰 동기가 됩니다. 당신이 죄를 지음으로 그리스도의 마음에 어떤 타격이 가해질지 당신은 모릅니다. 고결한 마음을 가진 사람들이 항상 그러는 것처럼, 죄로 인해 당신 안에 그리스도의 기쁨이 덜하게 될 것이라는 이 사실만으로도 죄에 대한 당신의 마음은 달라져야 합니다. 지금도 그리스도께서는 이 땅에서 죄인들을 향해 가지셨던 것과 동일한 긍휼과 자비의 마음을 당신을 향해 가지고 계십니다. 그렇다면 이런 그분의 사랑에 응답하기 위해서라도 당신은 이 땅을 사는 동안 하늘에 계신 그리스도께서 당신을 향한 마음과 같은 마음을 그리스도에게 보여 드리도록 힘쓰십시오. 이 목표를 당신이 순종할 자극제로 삼으십시오. 그리고 날마다 다음과 같이 기도하십시오. "뜻이 하늘에서 이루어진 것 같이 땅에서도 이루어지이다."마 6:10 -옮긴이

**적용** 4 모든 비참함과 어려움을 당할 때에도 당신을 불쌍히 여기고 돕는 친구가 누구며 어디에 있는지를 분명히 알아야 합

니다. 그 친구는 하늘에 계신 그리스도입니다. 자신의 본성, 직분, 관심, 관계 등 자신이 가진 모든 것으로 당신의 안전을 위해 일하시는 분입니다. 사람들, 심지어 당신의 친구들조차 때로 변덕스럽게 달라지고, 많은 경우에 당신에게 무정한 모습으로 나타납니다. 그렇다면 그들에게 이렇게 말하십시오. 나를 측은히 여기지 않을 것이라면 그렇게 하라. 내가 가진 모든 연약함을 중심으로 체휼하시는 이가 하늘에 계신다. 나는 그분에게 가서 내 형편을 눈물로 아뢸 것이다. 본문은 '담대히'(μετα παρρησιας, 히 4:16—옮긴이) 나아가라고 합니다. 긍휼하심을 입고 때를 따라 돕는 은혜를 얻기 위해 심지어 입을 넓게 열고 우리의 형편을 아뢰라고 합니다. 사람들은 자기에게 아무런 도움이 될 수 없음에도 불구하고 친구들이 자기를 불쌍히 여겨 주기를 바랍니다. 그러나 그리스도는 우리를 도우실 수 있고 또 기꺼이 그렇게 하십니다.

# 주

1. G. F. Barbour, *The Life of Alexander Whyte*(London, 1925), p. 82; P. T. Forsyth, *The Principle of Authority*(London: Independent Press, 1913), p. 273.
2. *The Works of Thomas Goodwin*(Edinburgh: James Nichol, 1861-1866), 2.lxx.
3. *Works*, 2.lxxiv-lxxv.
4. *Works*, 4.3.
5. *Works*, 4.4.
6. *Works*, 4.95.
7. *Works*, 4.100, 105.
8. *Works*, 4.106.
9. *Works*, 4.111.
10. *Works*, 4.149.

11. *Works*, 4.86.

12. *Works*, 2.lxxiv-lxxv.

13. 롬 8:34("누가 정죄하리요. 죽으실 뿐 아니라 다시 살아나신 이는 그리스도 예수시니 그는 하나님 우편에 계신 자요. 우리를 위하여 간구하시는 자시니라."—옮긴이)에 관한 굿윈의 논문인 "그리스도를 설명함"을 가리킨다. 이 논문은 "땅에 있는 죄인들을 향한 하늘에 계신 그리스도의 마음"이라는 제목의 단권 앞부분에 실려 1651년에 처음으로 출간되었다.

14. *Works*, 4.85.—옮긴이